Ursula Gröger-Mocka

Im Dunkel das Licht erwarten

Ursula Gröger-Mocka

Im Dunkel das Licht erwarten

Predigten zum Advent

Fromm Verlag

Impressum / Imprint
Bibliografische Information der Deutschen Nationalbibliothek: Die Deutsche Nationalbibliothek verzeichnet diese Publikation in der Deutschen Nationalbibliografie; detaillierte bibliografische Daten sind im Internet über http://dnb.d-nb.de abrufbar.
Alle in diesem Buch genannten Marken und Produktnamen unterliegen warenzeichen-, marken- oder patentrechtlichem Schutz bzw. sind Warenzeichen oder eingetragene Warenzeichen der jeweiligen Inhaber. Die Wiedergabe von Marken, Produktnamen, Gebrauchsnamen, Handelsnamen, Warenbezeichnungen u.s.w. in diesem Werk berechtigt auch ohne besondere Kennzeichnung nicht zu der Annahme, dass solche Namen im Sinne der Warenzeichen- und Markenschutzgesetzgebung als frei zu betrachten wären und daher von jedermann benutzt werden dürften.

Bibliographic information published by the Deutsche Nationalbibliothek: The Deutsche Nationalbibliothek lists this publication in the Deutsche Nationalbibliografie; detailed bibliographic data are available in the Internet at http://dnb.d-nb.de.
Any brand names and product names mentioned in this book are subject to trademark, brand or patent protection and are trademarks or registered trademarks of their respective holders. The use of brand names, product names, common names, trade names, product descriptions etc. even without a particular marking in this works is in no way to be construed to mean that such names may be regarded as unrestricted in respect of trademark and brand protection legislation and could thus be used by anyone.

Coverbild / Cover image: www.ingimage.com

Verlag / Publisher:
Fromm Verlag
ist ein Imprint der / is a trademark of
OmniScriptum GmbH & Co. KG
Heinrich-Böcking-Str. 6-8, 66121 Saarbrücken, Deutschland / Germany
Email: info@frommverlag.de

Herstellung: siehe letzte Seite /
Printed at: see last page
ISBN: 978-3-8416-0503-0

Copyright © 2014 OmniScriptum GmbH & Co. KG
Alle Rechte vorbehalten. / All rights reserved. Saarbrücken 2014

Meinen Eltern
Klaus (+2010) und Lieselotte Gröger, geb. Lipski

Inhalt

Vorwort	11
Wie eine Schwangere warten Jesaja 7, 1-16	14
Ein Kind bringt Hilfe Jeremia 23,5-8	22
Trösten und Trost empfangen Jesaja 40, 1-11	29
In der Wüste erfüllt sich das Warten Jesaja 40,1-11	36
Veränderungen erwarten eine Antwort Matthäus 1,18-25	43
Warten können – Warten müssen Matthäus 11,2-6	49
Wohin geht die Reise? Matthäus 21, 1-11	53
Der andere König Matthäus 21,1-17	59

Dran bleiben, Klar bleiben!
Matthäus 24,1-14   64

Warten braucht Vergewisserung
Matthäus 24,1-14   70

Einem Engel begegnen
Lukas 1,26-38   75

Die Macht des Gesanges
Lukas 1, 46-55   77

Loblied eines Vaters
Lukas 1,67-80   85

Freut euch ihr Armen (Nikolaus)
nach Lukas 6 in der Übertragung durch Irmgard Weth   90

Ungewöhnliche Vorbereitungen
Lukas 19,1-10   94

Im Zwielicht des kommenden Tages
Römerbrief 13,8-14   100

Freiwerden von Beurteilungen
Erster Korintherbrief 4,1-5   103

Singend verwandelt zu werden
Philipperbrief 4,4-7   109

Aufeinander achten
Hebräerbrief 10,23-25   113

Vorbereitet sein
Hebräerbrief 10,19-25   117

Der etwas andere Schutzengel
Offenbarung des Johannes 3,1-6   123

Das Buch und das Lamm
Offenbarung des Johannes 5,1-14   127

Nikolaus – damals und heute   132

Vorwort

Dieser Band versammelt Predigten aus über 25 Jahren Predigttätigkeit in verschiedenen Kirchen und unterschiedlichen Gottesdienstformen im Kölner Norden, in Leverkusen und in einem Krankenhaus in Köln-Longerich. Einige Predigten sind für Gottesdienste entstanden, in denen Erwachsene und Kinder gemeinsam Advent feierten, andere für die gottesdienstliche Situation im Krankenhaus. Die für die Adventssonntage jeweils vorgeschlagenen Texte, basierend auf der Perikopenordnung von 1978, sind alt, manchmal sperrig hinsichtlich unserer Gestimmtheit im Advent und fremdartig in ihren Welt- und Wertvorstellungen. Sie fordern uns heraus und fügen uns in eine Lesegemeinschaft ein, die weltweit und seit vielen tausenden Jahren besteht. Andererseits zeigt uns die regelmäßige Überarbeitung der Perikopenordnung, dass Bewegung und Spiel in dieser Ordnung ist, sie ist kein starres Gerüst. Daher finden Sie auch Predigttexte in diesem Band, die für diesen Zeitraum eigentlich nicht vorgesehen sind. Doch sind sie – wie Jesaja 7 und Matthäus 1 – thematisch geeignet, weil sie wie die vorgesehenen adventlichen Texte auf das Kind hinweisen. Andere – wie Lukas 19 - lassen sich unter dem thematischen Blick der Erwartungen adventlich predigen.

Die Adventszeit als Vorbereitungszeit auf Weihnachten wird in der christlichen Tradition als Fastenzeit begangen und sie begann bereits im November. Menschen stellten sich leiblich und geistlich auf die Ankunft, auf die Begegnung mit Gott in seinem Sohn ein.
Heute bereiten wir ein Fest in der Adventszeit vor und stimmen uns auf dies Fest ein. Weihnachtsmärkte und weihnachtlich dekorierte Einkaufsmeilen begleiten die Vorbereitungen. Es ist viel zu tun. Ein

Rückzug in die Stille, ein Hören auf Gottes Wort, die Mühe der Auseinandersetzung mit einem sperrigen Wort prägt den Advent weit weniger. Als Fastenzeit ist die Zeit vor Weihnachten nicht bewusst. Schwierig auch durch zu halten, ist doch die Adventszeit, so kurz vor Jahresende, auch Zeit zahlreicher „Weihnachtsfeiern". Drei Predigten dieses Bandes sind in ökumenischen Gottesdiensten aus Anlass einer vorweihnachtlichen Feier für die Mitarbeitenden in einem katholischen Krankenhaus entstanden.

Texte, zum Teil über zweitausend Jahre alt, wollen in einer Zeit zum Klingen gebracht werden, die kaum noch Zugang zu diesen Texten zu haben scheint.
Und doch wecken sie Assoziationen an heutige Ereignisse, wenn sie beispielsweise endzeitliche Vorstellungen transportieren. Haben sie also eine Aussage oder gar eine Ansage für unsere Gegenwart? Geben sie Antworten auf unsere Fragen oder regen sie zum Nachsinnen an?
Sprechen sie Grundbedürfnisse an, die wir heute empfinden? Antworten sie uns auf die Fragen nach dem Woher komme ich? Wohin gehe ich? Wozu bin ich auf der Welt?

Die adventlichen Texte sprechen von einer Sehnsucht, von einer Hoffnung, von Veränderungen zum Guten, das sich einstellen wird. Warten und Festhalten an der Hoffnung auf Veränderungen werden nicht umsonst sein, auch wenn im Augenblick viel dagegen spricht.
Ein Kind wird verheißen, eine Geburt angekündigt. Dies Kind, in dem Gott selbst zur Welt kommt soll Aufnahme finden bei uns, in unserer Welt, damals wie heute. Dies Kind wird ein König sein, es wird eine besondere Herrschaft ausüben. In der Adventszeit gedenken wir nicht nur dieser Verheißung und feiern an Weihnachten mit Jesu Geburt ihre

Erfüllung, sondern wir vergegenwärtigen uns auch, dass dieser Jesus in der Welt war und wiederkommen wird und bis dahin durch den Heiligen Geist ein Bestand bereitgestellt ist. Gott kommt in die Welt und teilt unser menschliches Schicksal.

Ist das wahr? Berührt es mein Leben?

Ja, es ist wahr!

Und ob es mein Leben berührt, bleibt abzuwarten. Ich kann darum beten. Vielleicht finde ich eine Wahrheit an anderer Stelle. Doch es wäre schade. Es ist eine so schöne Wahrheit, dass Gott in unser Leben kommt, als einer von uns, trägt und erträgt was wir tragen an diesem Leben, das schön und freundlich sich zeigt und doch auch die dunklen Seiten kennt, die Nacht der Verzweiflung, die Ängste und Existenzsorgen. In all dem geht Gott mit.

Den Bibeltexten liegt, wo nicht anders vermerkt, die Lutherbibel in der revidierten Fassung von 1984 zugrunde.

Möge Gott diese Predigten nutzen um mit Ihnen, den Leserinnen und Lesern ins Gespräch zu kommen. Möge sich Ihnen die Wahrheit dieser alten Texte erschließen!

Ich wünsche Ihnen, den Leserinnen und Lesern dieses Bandes viel Freude und Erbauung beim Lesen und Entdecken!

Ich danke dem Fromm Verlag für die Möglichkeit der Veröffentlichung sowie Frau Claudia Kaiser für die Betreuung während der Produktion.

Mein Mann Jürgen Mocka und viele Freundinnen und Freunde haben mich ermutigt, diese Predigten zu veröffentlichen. Ihnen sei an dieser Stelle ebenfalls herzlich gedankt.

Wie eine Schwangere warten
Jesaja 7,10-16

Weiter redete der HERR zu Ahas also: Fordere Dir ein Zeichen vom dem Herrn, deinem Gott, tief in der Unterwelt drunten oder hoch droben in der Höhe. Da sprach Ahas: ich mag es nicht fordern, um den HERRN nicht zu versuchen. Darauf sprach er [d. h. Jesaja]: Höret doch, ihr vom Hause Davids: Ist es Euch nicht genug, Menschen zu ermüden, dass ihr auch noch meinen Gott ermüdet? Darum wird euch der Herr selbst ein Zeichen geben: Siehe, das junge Weib ist schwanger und gebiert einen Sohn, und sie gibt ihm den Namen Immanuel [d. h. Gott mit uns]. Sahne und Honig wird er essen, bis er versteht, das Böse zu verwerfen und das Gute zu wählen. Denn ehe der Knabe versteht, das Böse zu verwerfen und das Gute zu wählen, wird das Land verödet sein, vor dessen beiden Königen dir graut. (Zürcher Übersetzung)

Vor vielen Jahren war da mal ein König, Ahas hieß er. Er war König von Juda. Einem ziemlich kleinen Land. Er ist zwar König, doch sein Königreich ist nicht völlig selbständig, er muss Steuern zahlen an Assyrien. Assyrien ist sehr mächtig, viele Streitwagen, viele Soldaten, setzt auf militärische Stärke und möchte diese Stärke durchaus behalten. Auch die Steuerpflicht natürlich. Alle diese Länder müssen an Assyrien Steuern zahlen. Dafür will der assyrische König sie beschützen.
Zwei Könige, Pekah und Rezin, finden das nicht in Ordnung. Die Könige von Syrien und Damaskus wollen keine Steuern mehr bezahlen. Und sie fordern Ahas auf: „Schließ dich unserem Bündnis an, kämpf mit uns

gegen Assur. Wenn nicht, dann ziehen wir gegen Jerusalem in den Kampf und rotten die ganze Königsfamilie aus, und setzen jemanden auf den Thron, der uns passt".

Ahas hat Angst. Wenn er das Bündnis nicht schließt, belagern Pekah und Rezin sein Königreich. Wenn er es schließt, dann greift der starke Assyrerkönig an. Wäre es nicht besser, gleich den König von Assyrien um Hilfe zu bitten? Um Unterstützung?
Aber bis er mit seinen Truppen hier ist, das dauert! Und wird Jerusalem die Belagerung überstehen? Reichen die Vorräte? Ahas macht sich sofort daran, dies zu überprüfen. Besonders Wasser ist in so einem heißen Land wichtig. Während er die Wasservorräte am Quelltor prüft kommt der Prophet Jesaja zu ihm mit seinem kleinen Sohn und sagt: „Wart es ab, es kommt Hilfe von Gott. Dein Volk wird beschützt werden und bewahrt sein. Vertrau auf den Herrn! Wenn Ihr nicht bei ihm bleibt, dann bleibt ihr überhaupt nicht".
Doch Ahas sieht: „die Assyrer drängen, die Israeliten drängen, die Syrer drängen, die machen uns doch platt, wenn wir nichts tun!!??"
Worauf soll er setzen, auf die dunkle Seite der Macht? Auf die Waffen in Assyrien oder die eigenen Waffen und die der Waffenbrüder? Schließlich will er ein verantwortungsvoller Staatsmann sein, er muss sein Volk schützen, Sorge tragen, dass ihm nichts zustößt.
Wie macht man das? Jesajas Vorschlag scheint nicht akzeptabel.

Während er prüft, ob alles für eine Belagerung in Ordnung ist, hört er ein Wort von Gott: „Fordere doch als Bestätigung ein Zeichen vom Herrn, deinem Gott, ganz gleich, ob aus der Totenwelt oder aus dem Himmel".
Da sagt Ahas: „Ich verlange kein Zeichen, ich will den Herrn nicht auf die Probe stellen."

Darauf sagt ihm Jesaja: „Hört, Ihr vom Königshaus! Es reicht euch wohl nicht, dass ihr den Menschen zur Last werdet. Müsst ihr auch noch die Geduld meines Gottes auf die Probe stellen?

Deshalb wird der Herr euch von sich aus ein Zeichen geben: Die junge Frau wird schwanger werden und einen Sohn zur Welt bringen und sie wird ihn Immanuel (Gott steht uns bei) nennen. Er wird Sahne und Honig essen, bis er Gutes und Böses unterscheiden kann. Noch bevor er Gutes und Böses unterscheiden kann, wird das Land der beiden Könige verwüstet sein, vor denen du jetzt Angst hast. Aber der Herr wird für dich, dein Volk und deine Familie eine Unglückszeit kommen lassen, wie man sie seit der Trennung Israels von Juda nicht erlebt hat. Das wird durch den König von Assyrien geschehen".

Ahas fällt es schwer, sich auf diesen Weg einzulassen. Abwarten wie eine Schwangere? Sich einem anderen überlassen? Gar passiv sein? Dabei ist doch die Situation so bedrängend, dass etwas geschehen muss!!!

Jesaja rät ihm zum abwarten: „Noch bevor das Kind gut und böse unterscheiden kann, also noch bevor es erwachsen ist, sind die beiden Könige, vor denen du jetzt Angst hast, vernichtet. Und Assyrien wird dich hart bedrängen, weil du jetzt auf seine Hilfe hoffest. Auf Gott solltest du hoffen. Denn Gott ist mit dir. Sieh auf die Schwangere! Sie kann nichts zur Verteidigung tun. Sie kann nur abwarten und hoffen und vertrauen, dass Gott ihr Leben und das ihres Kindes erhält. Du zitterst um dein Leben und um deinen Thron. Wie viel mehr müsste eine Schwangere Angst haben, denn sie sorgt sich um zwei Leben. Aber sie hat Hoffnung und Vertrauen auf Gott, deshalb wird sie ihr Kind Immanuel nennen". Ein ganz alltägliches Zeichen gibt Gott da. Kinder werden immer wieder geboren. Das ist zwar immer wieder aufregend, für die, die es miterleben, jedoch nicht so, dass es politische Verhältnisse durcheinanderbringt. Da braucht's doch Stärke oder Waffen? Oder? Kann denn ein Kind da helfen?

Der König handelt durchaus politisch und moralisch korrekt, er überlegt, was am besten für sein Volk sein kann. Und doch ist es falsch, denn er lässt sich von der dunklen Seite der Macht einfangen. Er lässt sich von seiner Angst gefangen nehmen.

Diese dunkle Seite ist so stark, dass wir ja noch bis in unsere Tage erleben müssen, wie die Politik gewaltsame und militärische Auseinandersetzungen als Mittel zum Frieden ansieht und dann in einen Kreislauf hineingerät, der alles nur noch schlimmer zu machen scheint. Ganz am Rande und ganz zart erklingen die Stimmen, die andeuten, es könne auch anders gehen. Sie werden wenig gehört. Zu sehr haben wir uns daran gewöhnt, dass die Macht des Stärkeren es ist, die Frieden garantiert.

Die dunkle Seite der Macht ist verführerischer, schneller, leichter eben.

Immanuel – Gott steht uns bei, auf diese Karte sollte Ahas setzen. Wie Jesaja vorausgesagt hatte, so kam es auch: Juda wurde lange unterdrückt und die beiden anderen Königreiche ausgelöscht.

Aber im Geist sah der Prophet auch noch einen neuen König voraus, er sah den wahren Sohn Davids, den Gott seinem Volk verhieß.

Viele Jahre später sitzt ein Mensch über einer Schriftrolle gebeugt und schreibt auf, was er von Jesus weiß und was er seinen Zeitgenossinnen und Zeitgenossen gerne sagen will. Also, wer Jesus war, woher er kam und so weiter. Wichtig war ihm, dass Jesus von Gott kam und dass in ihm Gott den Menschen nahe war. Er wollte das nicht einfach nur behaupten, er suchte nach Hinweisen in der Bibel und da fand er die Stelle von König Ahas und der jungen Frau, die schwanger ist. „Genau das ist es", mag er gerufen haben. „Genau das passt auf Jesus. Jesus ist der Gott mit uns. Ja, so könnten wir ihn auch nennen und tatsächlich, beide Namen hängen zusammen". Und weil Jesus so ein besonderes Kind war in den Augen des Matthäus, deshalb schrieb er es so auf:

Als Josef erfuhr, dass Maria schwanger ist, und er sich ziemlich sicher ist, dass das Kind nicht von ihm sein kann, überlegt er, was er tun soll. Da hat er eines Nachts einen Traum und ein Engel erklärt ihm, das Marias Kind von Gott ist. Jesus solle er ihn nennen und der Engel erklärt dem Josef auch, wieso das so kommt:

„Dies alles geschah, damit in Erfüllung ging, was der Herr durch den Propheten angekündigt hatte: die Jungfrau wird schwanger werden und einen Sohn zur Welt bringen, den werden sie Immanuel nennen. Der Name bedeutet: ‚Gott mit uns'".

Gott ist mit uns. Immanuel heißt nun nicht nur unsere Kirche, sondern auch unsere Gemeinde.

Doch was für eine Macht kommt uns da entgegen? Auf was für eine Unterstützung, auf welche Art Beistand lassen wir uns ein?

Keine Waffen sind hier zu sehen, wenig, was Stärke im landläufigen Sinne demonstriert.

Diese Form der Macht ist wohl eher mit der zu vergleichen, die der junge Luke Skywalker in dem Film „Das Imperium schlägt zurück" durch seine Meister Yoda kennenlernt. Dieser warnt ihn vor den dunklen Seiten der Macht, „Zorn, Furcht, Aggressivität, die dunklen Seiten der Macht sind sie, Besitz ergreifen sie leicht von dir. Folgst du einmal diesem dunklen Pfad, beherrschen wird auf ewig diese dunkle Seite dein Geschick. Verzehren wird sie dich."

Darauf fragt Luke : Yoda, ist die dunkle Seite stärker?"

Und Yoda antwortet: „Nein, Nein, nein, schneller, leichter, verführerischer".

Ahas ließ sich verführen, er hatte solche Angst, dass er nicht auf Gott vertrauen wollte. Nun will Luke wissen, wie er die gute und die schlechte Seite der Macht unterscheiden kann. Erkennen wirst du es, wenn du Ruhe bewahrst, Frieden, passiv".

„Wenn du wie eine Schwangere warten kannst..." so wurde es Ahas gesagt.

Ruhe soll er bewahren und die gute Seite der Macht erkennen.

Als Luke sieht, dass sein Raumschiff im Schlamm steckt will er auch - ähnlich wie Ahab – resignieren. „Unmöglich", sagt er, „es dort wieder heraus zu bekommen". Doch Yoda sagt ihm: „So überzeugt bist du davon, unmöglich ist immer alles für dich. Hörst du meine Worte nicht? Vertraust du nicht der guten Seite der Macht, mit deren Hilfe du es schaffen kannst?". Die Macht ist stark, auch wenn sie in Frieden und Passivität erkannt wird. „Sie ist ein mächtiger Verbündeter, das Leben erschafft sie, bringt sie zur Entfaltung. Ihre Energie umgibt uns, verbindet uns mit allem. Erleuchtete Wesen sind wir. Du musst sie fühlen, die Macht, die dich umgibt. Allgegenwärtig ist sie". Luke will es versuchen, mit Hilfe der Macht das Schiff wieder klar zu kriegen. Doch Versuche gibt es bei seinem Meister nicht!! „Tue es oder lasse es. Ausprobieren gibt es nicht". Entweder er setzt ganz auf die Karte oder gar nicht. „Fühle wie die Macht fließt", so ist Yodas Rat.

Und trotzdem muss er sich der dunklen Seite stellen. Er muss kämpfen. Was soll er mitnehmen?

Nur was er mit sich führt, was er in sich hat. „Deine Waffen, nicht brauchen wirst du sie!"

Er wird in Versuchung geführt werden, er muss noch lernen, die dunkle Seite wird versuchen, ihn abzubringen.

Er muss lernen, mit der Macht, die er spürt, um zu gehen zum Guten. Ahas vertraute der Macht Gottes nicht. Er setzte auf Waffen. Luke

Skywalker war auf der Kippe. Er spürte die Macht, wollte sie einsetzen zur Rettung der Freunde und war doch zunächst dabei in eine Versuchungsfalle der dunklen Seite zu laufen. Schneller, leichter und verführerischer wie sie ist, wäre er beinahe seinem Impuls der Aggression und seinem Zorn gefolgt.

Und wir?

Gott steht uns bei. Gott mit uns. Gottes Macht ist spürbar, erfahrbar. Wo nehmen wir uns Raum für solche Erfahrungen, wie werden wir eine Gott-Mit-Uns-Gemeinde.? Wie wird das wahr, was wir im Namen tragen. Wie wird unser Name zu unserer Haltung?

Nicht dadurch, dass wir auf eigene Stärke setzen. Nicht: Wir können das, wir schaffen das, wir müssen uns nur am Riemen reißen. Wir schaffen alles aus eigener Kraft.

Sondern so kann es zu unserer Haltung werden: Wir hören auf Gott, wir vertrauen ihm und lassen uns im Gottesdienst, im Gebet, in der stillen Einkehr, der Meditation, im Abendmahl von seiner Kraft und Energie beeinflussen. Wir lernen unterscheiden, wohin unsere Angst uns treiben will und suchen Zuflucht bei der Kraft Gottes. Wir sind gemeinsam unterwegs und können nach außen ausstrahlen, was unsere Hoffnung, unsere Kraft ausmacht. Gott ist mit uns. So ist es verheißen. Ihm können wir uns anvertrauen.

Amen

Diese Predigt wurde am 3. Advent 1999 in der Immanuelkirche in Köln-Longerich aus Anlass der Namensänderung der Gemeinde gehalten Seit dem 1.12.1999 heißt sie in Entsprechung zur Kirche Immanuel-Gemeinde. Der Gottesdienst für „Kleine Leute – große Leute" richtete sich an alle Generationen, daher ist die Predigt eher erzählend und war ursprünglich in 2 Teilen, unterbrochen von dem Lied „Wir singen dir Immanuel" (EG 542, 1-4), gestaltet. Die Bezeichnung Gottesdienst für „kleine Leute – große Leute" geht zurück auf die Reihe: Kleine Leute – große Leute, Glauben gemeinsam erleben, Agentur des Rauhen Hauses 1988ff.
Der Name Immanuel zog sich wie ein roter Faden durch den Gottesdienst, von der Erinnerung an die Namensgebung der Kirche über den Bibeltext hin zu uns heute. Der Bibeltext ist dieser Predigt beigefügt, weil sich der vorliegende Predigtband eher an

Erwachsene richtet. Im Gottesdienst ist er nicht verlesen worden. Er kam durch die Erzählung zur Sprache.
Die Idee des roten Fadens ist entnommen aus: Segensworte und Segensgesten, Gestaltungsvorschläge für Segenshandlungen in Gottesdiensten und anderen (Gemeinde-) Ereignissen, Frankfurt / Main, Beratungsstelle für Gestaltung von Gottesdiensten und anderen Gemeindeveranstaltungen, Materialheft 72, 1994, S. 131.
Der „Star-Wars-Saga" von George Lucas verdankte ich die Szene zwischen Yoda und Luke Skywalker, ich habe sie nach einer Szene aus: „Star Wars: Episode V – Das Imperium schlägt zurück", 1980 in den USA erschienen, zitiert.
Unter den Textzeugen ist strittig, ob die Übersetzung Jungfrau oder Junge Frau oder Heranwachsende angemessen ist. der hebräische Text lässt auch Heranwachsende zu. Mit der Entscheidung für die Zürcher Übersetzung: Die Heilige Schrift des Alten und Neuen Testamens, herausgegeben vom Kirchenrat des Kantons Zürich, Zürich 1942, habe ich mich gegen die Lesart „Jungfrau" und für die Lesart „das junge Weib" entschieden.

Ein Kind bringt Hilfe
Jeremia 23,5-8

Siehe, es kommt die Zeit, spricht der HERR, dass ich dem David einen gerechten Spross erwecken will. Der soll ein König sein, der wohl regieren und Recht und Gerechtigkeit im Lande üben wird. Zu seiner Zeit soll Juda geholfen werden und Israel sicher wohnen. Und dies wird sein Name sein, mit dem man ihn nennen wird: „Der HERR unsere Gerechtigkeit". Darum siehe, es wird die Zeit kommen, so spricht der HERR, dass man nicht mehr sagen wird: „So wahr der HERR lebt, der die Israeliten aus Ägyptenland geführt hat!", sondern: „So wahr der HERR lebt, der die Nachkommen des Hauses Israel herausgeführt und hergebracht hat aus dem Lande des Nordens und aus allen Landen, wohin er sie verstoßen hatte." Und sie sollen in ihrem Lande wohnen.

Wenn ich die Worte des Jeremia höre, dann möchte ich ihm gern zurufen: Jeremia, Jeremia, du bist ja ein Träumer! Schau Dich doch mal um!! Der König Deines Landes ist im Exil, ein Gefangener des Königs von Babylon. Und hast Du vergessen, wie der frühere König Jojakim mit Dir umgesprungen ist?

Nun, vielleicht brauchst Du ja diese Träume und Hoffnungen, vielleicht helfen sie Dir über die schlimmen Dinge weg, die Du erlebt hast.

Aber mal im Ernst: glaubst Du wirklich daran, glaubst Du, dass uns das weiterhilft, was Du da erzählst?

Für seine Zeitgenossinnen und Zeitgenossen war es wohl ähnlich schwer, sich vorzustellen, dass da noch einmal aus dem Hause David ein gerechter Nachkomme verheißen wird. Ein König soll kommen, so hören sie, der weise regieren und Recht und Gerechtigkeit im Lande üben wird. Juda wird geholfen und Israel sicher wohnen. Für beide wird es Heimat und Frieden geben.

Doch das Gegenteil erleben sie gerade. Kürzlich ist Jerusalem erobert worden, sie leben unter babylonischer Vorherrschaft, die Zeiten sind alles andere als sicher. Mit dem König wurde auch die einflussreiche politische Führungsschicht verschleppt. Diese sind ihre Heimat schon mal los. Ob die andern bleiben können, ist alles andere als gewiss.

Der neue König, Zedekia mit Namen, ist zwar ein Nachfahre Davids. Doch er ist augenscheinlich nicht in der Lage, durchzusetzen, was Gottes Wille wäre:

Wohlfahrt und Sicherheit, Gerechtigkeit und Frieden für die Menschen des Landes.

Die Hoffnung, von der Jeremia hier erzählt, steht in krassem Gegensatz zu den Erfolgen des herrschenden Königs. Und zu Jeremias Zeiten hat sich diese Hoffnung auch nicht erfüllt: Nach Zedekia gab es kein Königtum mehr in Israel.

Und selbst rund zweieinhalb Tausend Jahre später sieht die Wirklichkeit immer noch anders aus als die Verheißung.

Könnten wir sagen, dass bei uns Gerechtigkeit herrscht? Wenn ich an die sozialen Fragen in Zusammenhang mit den fünf neuen Bundesländern denke oder an die Wohlstands – und Armutsverhältnisse auf unserer Welt, dann denke ich eher: nein.

Und herrscht denn Gerechtigkeit, wenn Menschen für ihre Arbeit nicht bezahlt werden, für die Pflege von alten und kranken Menschen und für die Erziehung und Betreuung von Kindern?

Wie sieht es mit dem sicheren Wohnen aus?

Wenn ich an die türkische Großmutter denke und ihre 2 Enkelinnen und daran, dass fast jeden Tag Meldungen von Überfällen und Anschlägen auf Wohnungen und Unterkünfte von Menschen in diesem Land kommen, dann scheint das Wohnen bei uns nicht sehr sicher zu sein.

Mir fällt hier jedoch nicht nur die Gewalt ein, die zur Zeit in unserem Land wütet, da sind auch noch die Gefahren durch die Umweltzerstörung und mögliche Unfälle von größeren Industrieanlagen (Tschernobyl).

Ist also immer noch nicht eingetreten, was Jeremia sah? Hat sich noch nichts getan seitdem?

Ich möchte noch mal genauer hinsehen!

Der König, der da kommen soll, hat als wichtigstes Merkmal Recht und Gerechtigkeit bei sich. Das hebräische Wort für Recht bezeichnet genauer das weltliche Recht, die Gesetzgebung im juristischen Sinne. Heute würden wir sagen: das positive Recht. An dieses Recht wird sich der König binden.

Das Wort Gerechtigkeit hat ein ganz besonderes Gewicht im Predigttext. Es kommt sehr häufig vor und ist auch in das Adventslied eingewandert, das wir heute früh gesungen haben: „Er ist gerecht, ein Helfer wert".

Die Gerechtigkeit Gottes äußert sich im ersten Testament vor allem darin dass Gott Partei ergreift für die „Armen, Witwen und Waisen", für Menschen also, die keinen Rechtsbeistand haben und deshalb angewiesen sind auf Gottes Hilfe.

Gerechtigkeit zwischen Gott und den Menschen ist an der Frage orientiert:

Wie werden wir einander gerecht? Wie werden wir dem Verhältnis, das wir zu einander haben, gerecht? Wie werden wir also diesem Gott, der sich uns verbunden hat und mit uns Gemeinschaft sucht, gerecht?
Daraus folgt für die Beziehung der Menschen untereinander:
Wie verschaffen wir uns gegenseitig das Recht, das Gott uns zugedacht hat?
Der König, der hier in Aussicht gestellt ist, ist gerecht, weil er im Einklang mit Gott steht und deshalb kann er das Rechte tun.
Einen Menschen, der mit Gott ganz in Einklang stand, gab es schon einmal: nämlich Jesus.
Er hat sozusagen auf seine Weise die Verheißung bekräftigt und ausgeweitet über Israel und Juda hinaus. In seinem Handeln und Reden wird mir deutlich, was Gerechtigkeit und Recht praktisch heißt und bedeutet. Es hat sich also schon etwas getan, aber es geht noch weiter und es bleibt die Sehnsucht und die Hoffnung nach völliger Erlösung.

Wie können wir nun den Boden bereiten für die noch ausstehende Verheißung: „Siehe, es kommt die Zeit, spricht der HERR, dass ich dem David einen gerechten Spross erwecken will. Der soll ein König sein, der wohl regieren und Recht und Gerechtigkeit im Lande üben wird".
Diese Frage hängt mit einer anderen eng zusammen: „Wie werden wir einander gerecht" und „wie verschaffen wir uns gegenseitig das Recht, das Gott uns jeweils zugedacht hat?"

In dieser Hinsicht ist es möglich, der Gerechtigkeit und dem sicheren Wohnen mehr Raum zu verschaffen. Da lässt sich für die Verheißung der Boden bereiten. Da kann der Traum des Jeremia ansatzweise in die Wirklichkeit gelangen.

Ein Beispiel für die Gerechtigkeit: wenn wir danach fragen, wie wir einander gerecht werden, dann hat sie Ausbreitungschancen. Es geht dabei nicht nur um Umverteilung zwischen Ost und West, zwischen Nord und Süd. Wohl auch, jedoch besonders um die Frage: Was braucht ihr, was brauchen wir für Wohlfahrt und Sicherheit, für Frieden und Gerechtigkeit?

Wie können wir mit den Gütern der Erde, mit unsern Möglichkeiten so umgehen, dass wir einander gerecht werden?

Wie kann ich den Menschen in meiner Familie, in meiner Partnerschaft oder in meinem Beruf gerecht werden? Und wie kann ich mir selber gerecht werden? Ein sehr gutes Hinhören und Hinspüren ist hier nötig. Nicht immer ist mir selber klar, was ich brauche. Und nicht immer verstehe ich mein Gegenüber sofort in dem, was er oder sie braucht.

Ein alter indianischer Spruch sagt: „Richte nicht über jemand, bevor du nicht mindestens einen Mond lang in seinen Mokassins gelaufen bist!" Das heißt ja: versetz dich erst einmal intensiv in diesen anderen Menschen hinein, geh seine, geh ihre täglichen Wege mit, erst dann nämlich können Menschen einander gerecht werden.

Es mögen Menschen im Einzelnen unterschiedliche Bedürfnisse haben doch alle brauchen Grundsätzliches: Die Wahrung ihrer Menschenwürde, Wohlfahrt und in Frieden wohnen.

Das sichere Wohnen für Menschen, die auf Zeit oder für immer in unserem Land sind, ist mir zur Zeit ein bedrückendes Thema.

In einem Land, in dem Frieden ist, erleben Menschen Verfolgung und Gewalt. Das war leider schon mal so.

Und ich kann verstehen, wenn Menschen, die sich als Verfolgte an diese Zeit erinnern, sehr erschrecken.

Den anderen Menschen gerecht werden, für das Recht eintreten, dass Gott ihnen zugedacht hat, - vielleicht könnte das sogar heißen, dass wir als Christinnen und Christen in diesem Sinne Stellung beziehen zu dem, was zur Zeit in unserem Land passiert. Vielleicht sehen Sie das anders, darüber käme ich gern mit Ihnen ins Gespräch, auch darüber, wie eine Stellungnahme aussehen könnte.

Mir selber gehen in diesem Zusammenhang Worte von Martin Niemöller durch den Kopf, einem Pfarrer der Bekennenden Kirche, der ab 1938 im Konzentrationslager war. Er sagte: „Als die Nazis die Kommunisten holten, habe ich geschwiegen; ich war ja kein Kommunist. Als sie die Sozialdemokraten einsperrten, habe ich geschwiegen, ich war ja kein Sozialdemokrat. Als sie die Katholiken holten, habe ich nicht protestiert; ich war ja kein Katholik. Als sie mich holten, da gab es keinen mehr, der protestieren konnte."

Martin Niemöller sagt von sich – so verstehe ich ihn – dass er den andern Menschen nicht gerecht geworden ist, nicht für das von Gott zugedachte Lebensrecht und Recht auf Unversehrtheit derer eingetreten ist, die er hier benennt. Und später war da niemand, der für das Lebensrecht eintrat, das Gott Martin Niemöller zugedacht hatte.

Wenn wir Christinnen und Christen Wege suchen, um einander gerecht zu werden, gegenseitig für das gegebene Gottesrecht eintreten, dann machen wir Schritte auf dem Weg mit Jesus, dann bereiten wir der Verheißung den Boden und verschaffen der Gerechtigkeit Gottes Raum. Dann wird Jeremias Traum beginnen, unter uns Raum zu nehmen und die Wirklichkeit zu verändern.

Ja, doch, Jeremia, du hast guten Grund zum Träumen und zur Hoffnung!

Ich will mir Deinen Traum durch den Kopf gehen lassen. Hoffentlich finde ich in den nächsten Wochen Zeit dazu. Es scheint mir eine gute Vorbereitung zu sein für Weihnachten, eine gute Vorbereitung darauf, was es heißt, dass Gott in unsere Welt kommt.

Danke Jeremia, dass Du dich durch alle Verspottung und Gegnerschaft nicht hast davon abbringen lassen, an dem festzuhalten, was du von Gott weiterzusagen wusstest. Amen

Dieser Gottesdienst wurde am 1. Advent 1992 gehalten in Zusammenarbeit mit dem Frauenkreis der Gemeinde. Der Gottesdienstablauf folgte dem Entwurf für diesen Sonntag, den der Landesverband der Evangelischen Frauenhilfe im Rheinland herausgegeben hat. 3 Jahre nach dem Zusammenbruch der DDR, 2 Jahre nach der Wiedervereinigung. Es gab noch kein Betreuungsgeld für Eltern, die ihre Kinder zu Hause betreuten und auch keinen Rechtsanspruch auf einen Kindergartenplatz. Die Pflegeversicherung wurde erst 1995 eingeführt. Im November 1992 wurde ein Brandanschlag mit fremdenfeindlich-nationalsozialistischem Hintergrund auf das Wohnhaus der Familie Aslan in Mölln verübt. Dabei starb die Großmutter der Familie mit zwei Enkelinnen. Das Lied, auf das ich Bezug nehme, steht im Evangelischen Gesangbuch, Georg Weissel, „Macht hoch die Tür, die Tor macht weit" (EG 1, 2. Strophe). Die Worte von Martin Niemöller sind zitiert nach W. Hagemann u. P. G. Schoenborn, Bekenntnis im Widerstand 1934 und heute, Wuppertal-Barmen, 1984, S. 66.

Trösten und Trost empfangen
Jesaja 40,1-11

Tröstet, tröstet mein Volk!, spricht euer Gott. Redet mit Jerusalem freundlich und predigt ihr, dass ihre Knechtschaft ein Ende hat, dass ihre Schuld vergeben ist; denn sie hat doppelte Strafe empfangen von der Hand des HERRN für alle ihre Sünden.

Es ruft eine Stimme: In der Wüste bereitet dem HERRN den Weg, macht in der Steppe eine ebene Bahn userm Gott! Alle Täler sollen erhöht werden, und alle Berge und Hügel sollen erniedrigt werden, und was uneben ist, soll gerade, und was hügelig ist, soll eben werden; denn die Herrlichkeit des HERRN soll offenbart werden, und alles Fleisch miteinander wird es sehen; denn des Herrn Mund hat's geredet.

Es spricht eine Stimme: Predige!, und ich sprach: Was soll ich predigen? Alles Fleisch ist Gras, und alle seine Güte ist wie eine Blume auf dem Felde. Das Gras verdorrt, die Blume verwelkt; denn des HERRN Odem bläst darein. Ja, Gras ist das Volk! Das Gras verdorrt, die Blume verwelkt, aber das Wort unseres Gottes bleibt ewiglich.

Zion, du Freudenbotin, steig auf einen hohen Berg; Jerusalem, du Freudenbotin, erhebe deine Stimme mit Macht; erhebe sie und fürchte dich nicht! Sage den Städten Judas: Siehe, da ist euer Gott; siehe, da ist Gott der Herr! Er kommt gewaltig, und sein Arm wird herrschen. Siehe, was er gewann, ist bei ihm, und was er sich erwarb, geht vor ihm her. Er wird seine Herde weiden wie ein Hirte. Er wird die Lämmer in seinen Arm sammeln und im Bausch seines Gewandes tragen und die Mutterschafe führen.

„Tröstet, tröstet mein Volk"! Das ist die Aufgabe, die der Predigttext mir heute stellt!

Das Wichtigste, das uns von Gott her ausgerichtet werden soll.

Doch mir geht es ähnlich wie dem Propheten: Was soll ich predigen, wie soll ich trösten? Habe ich etwas weiterzusagen, das trösten könnte? Werde ich denn ernstgenommen mit meinen Worten hier von der Kanzel?

Was trostvolle Worte ausrichten können und was nicht, dass haben Sie und ich wohl schon mal erfahren. Wie helfen Worte angesichts der Nachrichten aus Remscheid und Armenien? Erdbeben und Flugzeugabsturz, sinnlos getötete Menschen, zerstörte Häuser: mir verschlägt es da die Sprache. Was soll man da noch sagen? Was sollen Worte da helfen?

Trifft der Prophet mit seiner Feststellung die Situation nicht viel besser? „Was soll ich predigen? Alles Fleisch ist Gras, und alle seine Güte ist wie eine Blume auf dem Felde. Das Gras verdorrt, die Blume verwelkt; denn des HERRN Odem bläst darein" (6b.7a).

Als die Mutter einer Freundin starb, da erzählte sie hinterher, dass viele ihrer Kolleginnen und Kollegen anschließend ganz ratlos waren: wie sollten sie mit ihr umgehen, wie sie trösten? Wir haben ja auch wenig Möglichkeit, das Trösten in solchen Fällen zu üben. Der Tod ist gesellschaftlich recht gut ausgeklammert, eine Randerscheinung so zu sagen. Und noch dazu: Worte können ja doch nicht den verlorenen Menschen ersetzen.

Doch nicht nur Ratlosigkeit und Sinnlosigkeit und Sprachlosigkeit können Trost verhindern. Auch wenn Worte reichlich fließen, ist oft noch kein Trost garantiert.

Hiob, unheilbar krank, seines Vermögens beraubt, in Trauer um seine sämtlichen Kinder, die bei einem Unglück ums Leben kamen sagt seinen Freunden: leidige Tröster seid ihr alle! Windige Worte macht ihr! Was hatten sie ihm gesagt? Das hast Du dir selbst eingebrockt, war ihre Rede an Hiob.

Worte, die dem Hiob nicht halfen, nicht trösteten, nicht aufbauten. Solche Worte sind uns hier sicher auch bekannt: Kopf hoch, es wird schon wieder. Jammer nicht so rum. Unverbindliche Worte, leere Hülsen, unverbindliches Lächeln. Eigentlich ist es dem andern egal, wie es mir geht, Hauptsache, ich lass ihn in Ruhe. Trösten hat mit Sympathie zu tun, mit Mit-Leiden und nicht mit Be-Mit-Leiden: Nicht das hemdsärmlige: „Ach der Arme", das von außen zuguckt. Wenn derjenige, der trösten will, sich keine Zeit nehmen kann, nicht wirklich auf Zuhören gestimmt ist, dann verfehlt der Trost sein Ziel.

Und schließlich gibt es noch die Bescheidenheit, die alles mit sich selber ausmachen will und lieber nicht die anderen mit dem eigenen Kummer ratlos und in Verlegenheit bringen möchte. Und dabei wäre es vielleicht gar nicht so schlimm, wenn die anderen wüssten, welch ein Kummer mich quält. Bedrückend ist dann das Schweigen, das ungeklärte Schweigen, nicht der Kummer als solcher. Bedrückendes Schweigen tröstet nicht, teilnehmendes und aushaltendes Schweigen tröstet schon eher.

Der Prophet fragt nach dem Sinn des Tröstens und die Antwort, die er kriegt, die gibt ihm sogar recht: „Ja, Gras ist das Volk! Das Gras verdorrt, die Blume verwelkt, aber das Wort unseres Gottes bleibt ewiglich"(Vers 7b.8).

Das soll ein Trost sein!? Die Bestätigung der Sinnlosigkeit? Klingt das nicht ein bisschen nach: „Wie tröstlich, dass es den andern auch schlecht geht? Oder vielleicht noch schlechter?" Das kann doch wohl nicht trösten?

Die Antwort jedoch enthält ein ABER. Vergänglichkeit – Ja. Sinnlosigkeit – ja. Sprache verschlagen – ja, so isses!

ABER: es gibt etwas, das nicht vergänglich, nicht sinnlos ist und nicht die Sprache verschlägt, sondern geradezu sprachfördernd, soufflierend: Das Wort Gottes, das bleibt in Ewigkeit und es kehrt nicht leer zu ihm zurück. Das ist ein verbindliches Wort! Keine leere Hülse, keine bloße Höflichkeit! Ja, es stimmt, dass wir vergänglich sind, doch Gott will, dass wir vergänglichen Menschen getröstet werden. Wir, obwohl also vergänglich, sind ihm mordsmäßig viel wert.

So sicher, wie wir wissen, dass wir sterben müssen, so gewiss gehören wir zu denen, die Gott liebt.

Kein Leben soll mehr an Sachzwängen ersticken, kein Mensch soll ungetröstet sein, kein Mensch soll an der Trauer über den Tod, an der Wut über Remscheid, und an der Verzweiflung über das Erdbeben in Armenien zugrunde gehen.

Es soll kein Mensch mehr von falscher Bescheidenheit "Ich will die anderen nicht belasten" erdrückt werden. Und es soll kein Mensch verzweifeln, weil ihm trostreiche Worte fehlen.

Das ist die Weise, in der Gott tröstet: Er liebt die Menschen, er leidet mit uns sogar bis ans Kreuz! Wir sind es ihm wert, weil er das will. Er hat beschlossen, nicht ohne uns sein zu wollen.

Trösten kann nur der, der etwas von Gott auszurichten hat! Und diese Botschaft heißt: Gott liebt uns Menschen!

Diese Botschaft wird erzählt in Worten und Taten.

Wer Menschen verachtet, der kann sie nicht trösten. Wo wir für Menschen keine Sympathie empfinden, werden wir auch nichts Tröstendes sagen können, denn wir erleben das Leid des anderen nicht mit, höchstens vernunftmäßig könnten wir uns sagen, der oder die hat großen Kummer. Bei unsympathischen Leuten klappt jedoch auch das nicht. Und es wäre eine glatte Überforderung, so zu tun als müssten wir alle Menschen gleichermaßen sympathisch finden und trösten können. Es ist nun einmal so, manche können sich nicht riechen. Und wir sind nicht Gott.

Wenn wir einander dort trösten, wo wir es können, dann werden wir schon auch reichlich Gelegenheit haben. Die Gelegenheiten werden uns nicht ausgehen. Also keine Sorge, wenn Sie sich auf die ihnen sympathischen Menschen beschränken im Trösten. Sie dann werden schon nicht arbeitslos!

Trost, der in Wort und Tat von Gott kommt und von ihm erzählt, hat viele Gesichter. Auf Danksagungen in der Zeitung anlässlich von Beerdigungen ist es manchmal so zu lesen: „Wir danken für die Zuwendung, die wir in den vergangenen Wochen erfahren haben, für die Gebete, die uns begleitet und für die Worte, die uns getröstet haben und auch für liebevolles Schweigen und Mitleiden."

Liebevolles Schweigen, sich Umarmen, gemeinsames Weinen, das kann manchmal schon noch mehr trösten als viele Worte. Wenn bei Beerdigungen viele Menschen dabei sind, Trauerhalle und Kirche füllen, einfach da sind, auch wenn sie nicht wissen, was sie sagen sollen, dann empfinde ich das als tröstlich.

Denn sie sagen mit dieser Geste: Diese schwere Arbeit, einen lieben Menschen zu begraben, die müsst ihr nicht allein tun müssen, die ihr eh schon den größten Schmerz habt. Wir gehen Euch zur Hand dabei, wir stehen Euch bei: diese Geste kann nicht die Verstorbenen ersetzen, jedoch den Lebenden vielleicht zum Zeichen für Gottes Liebe werden.

Wenn eine Freundin mir sagt: ich bete für Dich, dann weiß ich: Ich brauche meine Lasten nicht alleine schleppen. Und wenn mir ein Freund in den Wochen vor dem Examen schreibt: „Und schließlich gibt es auch noch IHN", nämlich Jesus Christus, dann heißt das für mich: Und wenn ich auch durchfallen sollte, tiefer als in Gottes Hand werde ich nie fallen. Und auch Sie nicht, liebe Gemeinde. Tiefer als in Gottes Hand geht es nicht, weil er uns liebt.

Das ist es, was ich Ihnen heute früh zu sagen habe. Mir scheint es selbst manchmal so, als wäre das Wort von Gott eigentlich eher unpopulär, tauglich als Vorspruch zu verschiedenen Anlässen (Vorspruch zu Arbeitsverträgen, als Tischgebet und für Andachten zu Beginn von Sitzungen) und weniger geeignet zum Leben.

Vielleicht ist es auch deswegen manchmal so trostlos auf dieser Erde, weil Gottes Wort degradiert zu Vorsprüchen, seine Kraft eingebüßt hat, so wie schal gewordenes Salz. Mir ist es heute mehr und ich werde nicht aufhören können zu predigen und Gottes Wort auszurichten. Denn was sollte uns sonst, die wir auf Gottes Trost warten und auf sein Kommen hoffen, helfen und trösten können, uns, die wir vergänglich sind und in einer Welt leben, die vergänglich ist. Was sollte uns sonst trösten können, als etwas, das bleibt, das gewiss Bestand hat über alles Vergängliche hinaus? Amen

Diese Predigt wurde am 3. Advent 1988 in Jesus-Christus-Kirche in Köln-Esch gehalten. Am 7. Dezember ereignete sich ein Erdbeben in Spitak, Armenien, bei dem die Zahl der Toten auf 25.000 geschätzt wurden und eine Million Menschen obdachlos wurden. Am 8. Dezember stürzte ein Kampfflugzeug der United States Air Force in Remscheid über einem Wohnhaus ab. Der Pilot und 6 weitere Menschen kamen ums Leben. Fünfzig Menschen wurden verletzt. Als Ursache wurde vermutet, dass der Pilot aufgrund des einsetzenden Nebels desorientiert war.

In der Wüste erfüllt sich das Warten
Jesaja 40,1-11

Tröstet, tröstet mein Volk!, spricht euer Gott. Redet mit Jerusalem freundlich und predigt ihr, dass ihre Knechtschaft ein Ende hat, dass ihre Schuld vergeben ist; denn sie hat doppelte Strafe empfangen von der Hand des HERRN für alle ihre Sünden.

Es ruft eine Stimme: In der Wüste bereitet dem HERRN den Weg, macht in der Steppe eine ebene Bahn unserm Gott! Alle Täler sollen erhöht werden, und alle Berge und Hügel sollen erniedrigt werden, und was uneben ist, soll gerade, und was hügelig ist, soll eben werden; denn die Herrlichkeit des HERRN soll offenbart werden, und alles Fleisch miteinander wird es sehen; denn des Herrn Mund hat's geredet.

Es spricht eine Stimmer: Predige!, und ich sprach: Was soll ich predigen? Alles Fleisch ist Gras, und alle seine Güte ist wie eine Blume auf dem Felde. Das Gras verdorrt, die Blume verwelkt; denn des HERRN Odem bläst darein. Ja, Gras ist das Volk! Das Gras verdorrt, die Blume verwelkt, aber das Wort unseres Gottes bleibt ewiglich.

Zion, du Freudenbotin, steig auf einen hohen Berg: Jerusalem, du Freudenbotin, erhebe deine Stimme mit Macht; erhebe sie und fürchte dich nicht! Sage den Städten Judas: Siehe, da ist euer Gott; siehe, da ist Gott der Herr! Er kommt gewaltig, und sein Arm wird herrschen. Siehe, was er gewann, ist bei ihm, und was er sich erwarb, geht vor ihm her. Er wird seine Herde weiden wie ein Hirte. Er wird die Lämmer in seinen Arm sammeln und im Bausch seines Gewandes tragen und die Mutterschafe führen.

Dia: „Steinwüste"

Die Wüste, das ist endlose Weite und Sand und Sonne und Hitze. Wer sich hineinwagt, muss sehr gut gerüstet sein. Carlo Carretto hat einmal beschrieben, wie es ihm auf dem Weg durch die Wüste ging. Er fährt mit dem Jeep durch „unwegsame Schluchten, wo man den Weg mit Schaufel und Hacke von Stein und Felsgeröll räumen muß, um dann anschließend im weichen Sand der endlos gewundenen Wadis einzusinken".

Der Weg ist sehr mühsam und lieber fährt er Umwege von einigen Kilometern, denn wenn er steckenbleibt, wer wird ihm helfen? und wenn das Wasser ausgeht – von dem er so viel wie möglich mitnahm, was wird dann sein? „Was hätte ich in dieser Wüste machen sollen, dem Bild des Sterbens und ewigen Schweigens?". So schreibt er in seinem Brief aus der Wüste.

Von Babylon aus ging es durch die Wüste direkt westwärts nach Palästina, ein unüblicher und auch wenig möglicher Weg. Üblicherweise gingen Karawanen und Heere um die Wüste herum, so auch die israelitischen Menschen die rund 600 Jahre vor Christi Geburt nach Babylon ins Exil ziehen mussten.

Sie waren Gefangene derer, die den Krieg gewonnen hatten. Schon in der 2. Generation lebten sie dort und unter ihnen sind Menschen, die an Gott verzweifeln möchten.

Die Wüste liegt zwischen ihnen und dem Land, in dem der Tempel stand, wo sie Gottesdienst feierten, wo sie sich der Nähe Gottes gewiss waren. Weshalb hat Gott seinen Tempel und sein Volk und scheinbar sich selbst aufgegeben? Oder haben sich vielmehr die Menschen sosehr abgewandt?

Wirkt sich nun zerstörerisch aus, dass sich jeder selbst der Nächste war?
Die Wüste liegt auch zwischen ihnen und Gott.

Dia: „Häuserwüsten"

Häuserwüsten – solche Wüsten sind uns eher vertraut. Diese hier wirken undurchdringlich. Wenig einladend und wenig wegsam. In solchen Wüsten sollen Menschen wohnen? Ob es ihnen gelingt, sich eine Oase zu schaffen?
Ohne Oasen ist es in Wüsten nicht aufzuhalten, da ist kein Leben möglich.
Christa Peikert-Flaspöhler beschreibt noch andere Wüsten, in Anlehnung an den Predigttext: „Eine Stimme steht auf in den Wohlstands-Öden. Sie erhebt sich in Wüsten der Ich-Sucht, in steinigen Feldern der Gleichgültigkeit. Eine Stimme steht auf und ruft: Baut eine Straße der Menschlichkeit! Baut eine Straße zu Gott! Jeder Fels des Hochmuts soll abgetragen, jeder Berg der Habgier geebnet werden. Jede Grube des Hasses soll zugeschüttet, jedes Schlagloch der Willkür ausgefüllt werden".
Wüsten sind da, wo Menschen abgeschnitten sind von Gott und von der Hoffnung.
Das sind Wüsten, die sich Menschen selbst bereiten, Wüsten, die schuldhaft verursacht werden.
Die Wüsten – sie trennen nicht nur die israelischen Menschen von ihrer Hoffnung auf Rückkehr und von ihrem Gott. Auch uns heutige trennen sie von Gott und von unserer Hoffnung. Die Wüste – das Bild des Sterbens und ewigen Schweigens, da geht es überall und nirgends entlang. Die Wege sind beliebig, denn es gibt keine.

Und doch soll jetzt hier ein Weg bereitet werden, es kommt Orientierung in die Wüste, die endlose Weite wird begrenzt, sie bekommt eine Gliederung.

Dia: „Straße in der Wüste"

So unglaublich es klingt: Durch unsere Wüsten will Gott kommen und die Vorbereitungen laufen schon auf Hochtouren. Der Bauauftrag ist schon vergeben – übrigens in dem Fall nicht an uns. Wir würden uns wohl die Zähne ausbeißen – und seien es die Zähne des Baggers.

Dieser Ruf: „In der Wüste bahnt den Weg des Herrn" ergeht an andere. Der zweite Jesaja hört quasi mit, was im „Himmel" beredet wird. Die da die Wüste verwandeln, einen Weg ebnen, die gehören nach seiner Vorstellung zu Gottes Hofstaat, oder wie es manche Adventslieder singen: zu den himmlischen Heerscharen.

Ob es eine Prachtstraße, eine gut ausgebaute Piste wird, das sei dahingestellt. Auf alle Fälle aber gibt es trotz allem, was geschehen ist, einen Weg in die Zukunft.

Dia: „Sandwüste"

Einen Weg durch solche aussichtslosen, Sterben bringenden Wüsten. Der Weg hindurch ist jetzt klar, es gibt kein im-Kreis-laufen mehr.

Das ist es, was der zweite Jesaja ausrichten soll: Wenn Gott kommt, dann überwindet er unsere Wüsten, die zwischen Palästina und Babylon, die selbstgeschaffenen Wüsten und die Wohlstandsöden.

Die Menschen in Babylon – die sich von Gott abwandten und dem ersten Jesaja nicht Gehör schenkten, sie werden nicht gottlos bleiben und sie werden nicht im Exil bleiben. Es gibt für sie einen Weg aus ihrer Schuld, eine Weg aus ihrer Ausweglosigkeit. Zwar fragt der Prophet noch mal nach: „Was soll ich eigentlich predigen? Der Mensch ist doch wie Gras, das verdorrt, also sehr vergänglich" und er bekommt seine Antwort auch bestätigt. Und dennoch soll er gerade dies predigen: Wenn Gott kommt, dann kommen auch die schlechten menschlichen Möglichkeiten an ihr Ende, auch die von Häuserwüsten erzeugten Aggressionen und Ängste, auch die erlebte Gewalt und die verhängnisvollen Qualitäten des Menschen stoßen an eine Grenze. Also alles, was wir uns Übles antun können, wird begrenzt. Auch die Macht Babylons wird einmal wie verdorrendes Gras vergehen.

Gott überwindet die Wüste der Schuld. Die Schuld ist getilgt. „Wer schuldig ist auf Erden, verhüll nicht mehr sein Haupt. Er soll errettet werden, wenn er dem Kinde glaubt." So haben wir eingangs gesungen.

Die nachkommende Generation fragt nach, was für eine Welt wir unseren Kindern hinterlassen. Frühere Generationen wurden das auch gefragt. Und mit Recht werden wir gefragt, was wir ihnen einbrocken.

In unserer Verantwortung geschieht ja, was den Lebensraum zukünftiger Generationen beschneidet. Kann solche Schuld wirklich getilgt werden? Kann es sein, das sie nicht mehr in Rechnung gestellt wird, dass sie nicht mehr als Vorwurf auf uns zurückfällt? Gott will das so, dass sie getilgt wird. Sie steht nicht mehr zwischen uns und Gott.

Ist das in irgendeiner Weise mehr als ein Wort, das ich höre?

Kann ich das erleben, dass ich von Schuld frei werde?

Was wir anderen an Verletzungen zufügen, können wir nicht rückgängig machen, doch wir können unser Tun einsehen und in Zukunft ändern. Wenn ich weiß, was einen andern verletzt, muss ich nicht stereotyp weiterverletzen. Wenn ich weiß, was dieser Erde schadet, kann ich versuchen, mein Handeln zu verändern. Ich muss nicht zwanghaft weiter die Erde zugrunde richten oder andere verletzen.

Schuld vergeben heißt nicht: Macht nichts, nur weiter so!

Wir leben ja von der Vergebung. Schuldvergebung und Schuldentilgung hat einen andern Satz bei sich: „Es tut mir leid, das habe ich nicht gewollt. Ich wollte dich nicht verletzen".

Schuld kann wohl nur getilgt werden, wo sie als solche auch erkannt wird. Da ist Schuld getilgt und belastet Menschen nicht mehrgegenseitig, wo das Vorwurfskarussell stoppt. Sie kennen ja sicher solche festgefahrenen Gespräche, in denen die Vorwürfe von allen Seiten nur so prasseln. Solche Gespräche drehen sich im Kreis. Sie haben keinen Ausweg. Doch dieses Karussell - sein Standort ist m. E. auch in der Wüste – muss sich nicht ewig weiterdrehen. Wenn wir versuchen, einander sagen zu können, was uns verletzt, statt Vorwürfe zu machen, kann das ein Anfang sein. Das sind durchaus steinige Wege, nicht unbedingt Prachtstraßen, auf denen ich dann mit Gott unterwegs bin.

Dia: „Krippe mit Kind"

Gott kommt als Kind. Jesaja hatte da noch eine andere Vorstellung. Auch für uns mag das unsere Vorstellung von Gott ins Wanken bringen. Gott als Kind?! Klein, verletzlich, angewiesen auf Schutz und Hilfe. so kommt Gott in die Welt. Da kommt uns Gott entgegen – und kann eigentlich noch gar nicht laufen. Auf so paradoxe Weise will Gott mit uns sein.

So hoch achtet er unser Leben, dass er es mit uns teilen will, mit den Menschen, die besonders arm dran sind, die sich nicht mehr freuen können, die ihre Schwächen verbergen möchten und sich ohnmächtig fühlen angesichts dessen, was in unsere Welt geschieht.

Das war schon ein Vorgriff auf Weihnachten – noch sind wir im Advent. Wir haben gehört: Gott kommt uns auf einem Weg durch unsere Wüsten entgegen. Schuld ist getilgt, sie belastet Beziehungen nicht mehr. Ein

Ausweg ist da, wir müssen nicht mehr im Kreis laufen. Und auch Gewalt und verhängnisvolle Qualitäten kommen an ihr Ende.   Amen

Diese Predigt wurde am 3. Advent 1994 in der Immanuelkirche Köln-Longerich gehalten.
Die zur Predigt verwendeten Dias „Wüste", „Häuserwüsten", „Straße durch die Wüste" und „Sandwüste" stammen aus der Mappe „Berg – Wüste – Land", herausgegeben von Jürgen Jaissle und Jürgen Kluge im Auftrag des Film Funk Fernseh Zentrums der Evangelischen Kirche im Rheinland in Zusammenarbeit mit dem Pädagogisch-Theologischen Institut der Evangelischen Kirche im Rheinland, 1992, Nr. 5.6.7.8.
Das Dia: „Krippe mit Kind" stammt aus: Ingeborg Becker, Masahiro Kasuya, Lucius Maiwald, Vor langer Zeit in Bethlehem, eine Weihnachtserzählung für Kinder im Vorschulalter, in der Grund- und Sonderschule, für den Kindergottesdienst und die Gemeindearbeit, München und Offenbach: av-edition, 21985, Dia 17. Die Zitate von Carlo Carretto habe ich entnommen aus: Carlo Carretto, Wo der Dornbusch brennt, deutsch von Elisabeth Watrin und Ulrich Schütz, Freiburg, 51974, S. 109 und 110. Das Zitat von Christa Peikert-Flaspöhler, Jesaja heute, steht in: Warten, daß er kommt, Advent und Weihnachten, herausgegeben und eingeleitet von Sigrid und Horst Klaus Berg, München 1986, Biblische Texte verfremdet, Bd. 2, S. 33. In der Predigt wird Bezug genommen auf ein Lied aus dem Evangelischen Kirchengesangbuch: Jochen Klepper, Die Nacht ist vorgedrungen, 2. Strophe (EG 16).

Veränderungen erwarten eine Antwort
Matthäus 1,18-25

Mit der Geburt Jesu Christi war es so: Maria, seine Mutter, war mit Josef verlobt; noch bevor sie zusammengekommen waren, zeigte sich, dass sie ein Kind erwartete – durch das Wirken des Heiligen Geistes. Josef, ihr Mann, der gerecht war und sie nicht bloßstellen wollte, beschloss, sich in aller Stille von ihr zu trennen. Während er noch darüber nachdachte, erschien ihm ein Engel des Herrn im Traum und sagte: Josef, Sohn Davids, fürchte dich nicht, Maria als deine Frau zu dir zu nehmen; denn das Kind, das sie erwartet, ist vom Heiligen Geist. Sie wird einen Sohn gebären; ihm sollst du den Namen Jesus geben; denn er wird sein Volk von seinen Sünden erlösen. Dies alles ist geschehen, damit sich erfüllte, was der Herr durch den Propheten gesagt hat: Seht, die Jungfrau wird ein Kind empfangen, einen Sohn wird sie gebären, und man wird ihm den Namen Immanuel geben, das heißt übersetzt: Gott ist mit uns. Als nun Josef erwachte, tat er, was der Engel des Herrn ihm befohlen hatte, und nahm seine Frau zu sich. Er erkannte sie aber nicht, bis sie ihren Sohn gebar. Und er gab ihm den Namen Jesus. (Einheitsübersetzung)

Massive Veränderungen ereignen sich in Josefs Leben. Er ist verlobt, also so gut wie verheiratet. Lediglich der Umzug seiner Frau zu ihm in sein Haus steht noch aus. Da entdeckt er: Maria ist schwanger. Wie soll er damit umgehen? Was soll er tun? Gefühlsregungen werden nicht berichtet, vielleicht gehört er zu denen, die erst bis 30 zählen, bevor sie reagieren?

Die erste Reaktion ist, das er nachdenkt, die Situation bedenkt: wie komme ich da raus?
Ich löse einfach die Verlobung und sage: ich will nicht mehr. Dann bekomme ich wohl Prügel, schlechtes Ansehen werde ich haben, aber immerhin: ich muss nicht sagen, es ist wegen des Kindes und Maria wird nicht des Ehebruchs angezeigt.
Das ist der Schluss, zu dem er kommt. Josef wird geschildert als gerecht und fromm. Er will freundlich und gütig sein gegenüber Maria. Er will sie nicht in Schande bringen, indem er sie als Ehebrecherin anzeigt.
So sind seine Überlegungen.

Mitten in diese Überlegungen hinein widerfährt ihm ein Traum:
Gott offenbart ihm den Sinn der Veränderung: Was hat es auf sich mit dieser Schwangerschaft, die mit dem Verstand nicht zu begreifen ist?
Im Tram wird ihm der Sinn offenbar und die Wirklichkeit kann er jetzt im neuen Licht sehen. Josef bekommt eine Hilfestellung im Verstehen: die Veränderung, die in sein Leben trat, stellt sich anders dar. Nicht um Ehebruch handelt es sich, sondern um ein geheimnisvolles Handeln Gottes. Die Veränderung verliert ihren Schrecken oder erschrickt möglicherweise noch viel mehr.
Jedenfalls verändert Josef seine Haltung. Er öffnet sich diesem Verstehen oder beginnt es zumindest nachzuvollziehen.
Josef nimmt seinen Traum ernst, nimmt ihn wahr als das Reden Gottes an ihn und er befolgt den darin enthaltenen Auftrag. Nimm dieses Kind auf! Gib ihm den Namen Jesus!

Indem er dem Kind einen Namen gibt, adoptiert er ihn als seinen Sohn. Gott überträgt ihm die irdische Vaterschaft.
So war das damals.
Eigentlich hatte er ja etwas anderes vor, um mit dieser massiven Veränderung umzugehen. Nachdem Gott eingreift, nachdem Josef nun sieht und erkennt, dass sie nicht das ist, als was sie vor den Menschen erscheint, kann er auch seine Entscheidung verändern.

Ein anderer Mensch, der von massiven Veränderungen betroffen wurde, ist Juan, ungefähr 12 oder 13 Jahre alt. Die Eltern trennten sich und fortan spielt er in der Mannschaft der Kinder, die immer verlieren, denn Frau Matutes, die Sportlehrerin, teilt sie so ein nach Kindern, deren Eltern getrennt leben oder nicht. Und die Kinder, deren Eltern getrennt leben, die verlieren halt immer. Eine einschneidende Veränderung, von der Juan denkt, er müsse sie nun aushalten und das ewige Verlieren hinnehmen. An sich glauben sie, dass das normal ist, weil sie ja keinen anwesenden Vater haben.
Und dann erzählt ihnen jemand von den Massai. Die haben keinen Vater, nie einen gehabt. Denn sie leben nicht in Familienverbänden, sondern in Stammeseinheiten und eine Massei kann nicht wirklich wissen, wer der Vater ihres Kindes ist. So sind Kinder der Massai die Kinder des ganzen Dorfes.
Da kommt Juan die Idee:
„Mal angenommen, ich wäre Massai, dann würde ich meinen Vater jetzt gar nicht verlieren, weil ich nie einen gehabt hätte".
Wie Josef, wenngleich auf andere Weise, nimmt er einen Perspektivwechsel vor. Die Veränderung bekommt eine andere Sicht. Sie halten sich jetzt für normal, die Kinder aus der Gruppe ohne Väter.

Das wirkt sich so aus, dass sie sich beim Volleyball nicht mehr als Looser verstehen sondern als Kinder der Massai und sie fangen an geheim zu trainieren. Auch Juan träumt.

Juan reagiert auf Veränderungen, die sein Leben massiv angehen und festschreiben, mit Nachdenken und Perspektivwechsel. Josef reagiert ebenfalls mit Nachdenken und einem Perspektivwechsel, ausgelöst durch seinen Traum. Er verzichtete auf seine Pläne und Hoffnungen, er gibt sich aus der Hand in Gottes Hand.

Er lässt sich auf Veränderungen ein und verzichtet darauf, selber zu gestalten, um dann in seiner Rolle als Adoptivvater wieder gestaltend zu werden.

Und in dieser Weise wird er Wegbereiter werden für Gottes Weg in dieser Welt.

Veränderungen können wir im Leben wohl nicht entgehen. Wir werden sie auch ambivalent erleben: Sie können gut oder schlecht sein, Ängste oder Hoffnungen auslösen. Und es ist möglich, dass sie uns die Chance zum Perspektivwechsel geben.

Mit dem Blick Gottes auf unsere Wirklichkeit kann sich unter Umständen eine Einstellung ändern. Und das ist etwas Unverfügbares. Es ereignet sich wie bei Josef zwischen Gott und Mensch.

Keine Person der Institution Synagoge hat ihm die neue Sicht für sein Leben gebracht, sondern Gott selbst durch einen Engel im Traum.

Bei Josef ist er auf eine Haltung gestoßen, die mit Gottes Begleitung rechnete.

Wenn Gott tätig wird bei uns, heißt das auch: wir dürfen darauf vertrauen, dass wir in veränderten Situationen wieder unsern Platz finden Wir dürfen darauf hoffen, das sich der Sinn der Veränderung erschließt und darauf vertrauen, dass Herausforderungen bestanden werden können. Vielleicht müssen wir auch nicht alles mitvollziehen. Wir können lernen zu unterscheiden, woher der Wunsch zur Veränderung kommt und fragen: Wer ruft mich zu einer Veränderung? Was ist für mich jetzt das Richtige?

Unsere Träume, unsere Intuition wird uns Wege weisen. Gott steht uns bei und hilft uns verstehen. Geht mit auf dem Weg, den er uns abverlangt.

Josef ist fürsorglich mit Maria auf dem Weg. Er hat eingewilligt in seine Rolle, seinen Auftrag, der ihm von Gott, nicht von Menschen gegeben wurde.

Ja, nicht nur Maria ist nötig, damit Gott in diese Welt kommen kann. Auch Josef ist nötig und steht darum im Krippenbild. Nicht so sehr, damit eine heilige Familie vollständig sei oder weil es sich so gut macht, wenn da Vater, Mutter und Kind sind.

Nein, denn es braucht die männliche Seite, die tatkräftig handelt, die den Raum schützt und die Familie bewahrt vor äußeren Gefahren.

Diese andere Art Vater zu werden bejaht Josef, weil er durch den Traum eingeweiht wurde in Gottes Plan. Gottes Plan mag seinen Stolz verletzt haben. Doch jetzt beugt er sich Gottes Willen.

Durch seine Verbindung zu Gott, durch Offenbarung und Auftrag, findet er einen Weg, mit der massiven Veränderung umzugehen.

Das Wichtigste, das daran auffällt:

Es braucht Raum zum Denken, zum Nachdenken, vor dem Handeln, offen sein für Träume, Offen sein für eine andere Sichtweise, offen sein für Gottes Auftrag in dieser Situation. Amen

Die Predigt wurde 2006 im ökumenischen Wortgottesdienst zu Beginn der vorweihnachtlichen Feier für die Mitarbeitenden im Heilig-Geist-Krankenhaus und in der Stiftung des Cellitinnen zur heiligen Maria gehalten. Die Schwestern der Ordensgemeinschaft der „Cellitinnen zur Heiligen Maria in der Kupfergasse" in Köln-Longerich nahmen ebenfalls an den Gottesdienst teil. Vorbereitet wurde der Gottesdienst durch ein Team, das ein Thema festlegte, die jeweiligen Teile des Gottesdienstes einzelnen Vorbereitenden zuordnete und die Durchführung gestaltete. Diesem Kontext fügt sich die Predigt ein. Aufgrund des leichter verständlichen Textes der Einheitsübersetzung und da es sich um einen ökumenischen Gottesdienst handelte, habe ich mich dafür entschieden, der Lesung des Predigttextes „Die Bibel. Altes und Neues Testament. Einheitsübersetzung, Freiburg, 1980" zugrunde zu legen.

Durch bauliche Maßnahmen und Erweiterungen des Hauses waren die Mitarbeitenden mit umfänglichen Veränderungen konfrontiert. Das Zitat von Juan stammt aus: Javier Salinas, Die Kinder der Massai, aus dem Spanischen von Stephanie Harrach, Frankfurt am Main, 2006, S. 70.

Warten können – warten müssen
Matthäus 11,2-6

Als aber Johannes im Gefängnis von den Werken Christi hörte, sandte er seine Jünger und ließ ihn fragen: Bist du es, der da kommen soll, oder sollen wir auf einen andern warten? Jesus antwortete und sprach zu ihnen: Geht hin und sagt Johannes wieder, was ihr hört und seht: Blinde sehen und Lahme gehen, Aussätzige werden rein und Taube hören, Tote stehen auf und Armen wird das Evangelium gepredigt; und selig ist, wer sich nicht an mir ärgert.

Vor vielen Jahren gab es im Schauspielhaus Hannover ein für mich eindrückliches Schauspiel für zwei Personen: zwei Männer saßen an einem Ort (der nicht näher beschrieben oder dargestellt war) und warteten. Der oder das Erwartete blieb jedoch aus. Die zwei unterhielten sich. Ab und zu kam immer mal wieder einer auf die Idee, den Ort zu verlassen, dass Warten aufzugeben. Scheinbar hatte er vergessen, worauf er wartete oder er hatte die Hoffnung aufgegeben. „Aber wir warten doch auf Godot," rief der andere dann. „Ach ja, wir warten auf Godot!". Doch Godot kam nicht. Das ganze Stück über nicht. Sie warteten vergebens und vielleicht hatten sie das unbewusst auch gespürt, als immer mal wieder einer von ihnen das Warten beenden wollte. Worauf noch warten – so schien ihre Erkenntnis auf zu blitzen, es ist ja doch umsonst. Wann kann Godot denn wohl endlich kommen? Wir wissen es nicht und es ist ja auch nicht ausgeschlossen, dass er kommt – also bleiben wir lieber und halten aus. Wie Gefangene sitzen sie in der Szene, sie trauen sich nicht weg - quasi selbstgefangen in der Hoffnung, im Warten.

Johannes ist auch gefangen und ein Wartender. Doch einer, der nicht einfach abwarten will - wie die beiden Männer im Schauspiel. Er will Gewissheit. So schickt er zwei Leute los die Lage zu klären. Bist Du das, der da kommen soll? Bist Du das, auf den wir seit langem warten? Oder sollen wir auf einen andern warten? Und Jesus sagt nicht etwa: „Ja, ich bin es", sondern er gibt einen Auftrag zum Hören und Sehen, zum Wahrnehmen.
Was passiert unter den Menschen? „Blinde sehen und Lahme gehen, Aussätzige werden rein und Taube hören, Tote stehen auf und Armen wird das Evangelium gepredigt; und selig ist, wer sich nicht an mir ärgert." Eine ganze Menge ist das.

Nach mehreren Monaten in einer Spezialklinik in Wien kommt Margarethe heim. Sie hatte gehofft, dort heil zu werden von ihren durch Kinderlähmung lahmen Beinen. Für diesen Aufenthalt hatte sie die Gemeindevertretung um ein Darlehen gebeten, ja geradezu erbettelt hat sie es. Während Familie und Freundinnen enttäuscht und traurig zusehen, wie Margarethe aus dem Zug gehoben wird, ruft sie ihnen zu: „Es ist schön, wieder daheim zu sein." Ihre Freude und die Trauer der anderen beherrschen die Szene und konkurrieren miteinander. Da ruft sie: „Es hat nicht Sinn, auf neue Beine zu warten, verstehst! Ich leb trotzdem!" Und fügt hinzu: „Aber ich kann jetzt Schwimmen!"

Jahrelang hatte sie gewartet und gehofft, nach dem Wiener Aufenthalt auf eigenen Füßen stehen zu können. Jetzt will sie im Rollstuhl den sie aus Wien mitgebracht hat leben. Und die Betonung liegt auf „leben!!"

Als Lahme ist sie nicht im wörtlichen Sinne gesprungen. Sie hatte jedoch solch ansteckenden Lebensmut, dass sie andere von ihren wirtschaftlichen Ideen überzeugen konnte.
Sie kaufte eine Nähmaschine auf Pump und begann zu nähen. Gründete eine kleine Existenz. Margaretes Stofftiere wurden später in alle Welt geliefert. Als Steiff-Knopf-im-Ohr-Tiere sind sie heute noch ein Begriff. Der Kaufhof hat in diesem Jahr ein eigenes Fenster mit ihnen dekoriert.

Lahme gehen – auch ohne Beine. Margarete hatte Hoffnung und Lebenskraft für die ganze Familie. Auch als die Vertreter der Banken sie zum Unterschreiben des Firmenbankrotts auffordern wollten bewies sie Standfestigkeit: „mit Rechts kann i net und mit Links will i net". Und dann begann sie wieder zu warten. Wartete auf die Spielwarenmesse und wartete dort die ganze Woche auf Käufer für die 100 Teddybären zum Preis von 4 Mark damals - ein immens hoher Preis! Er entsprach einem Wochenlohn!
Niemand wollte die Teddys. Dann kam ein Kunde, der sich für sie interessierte, doch der wollte nicht 100, sondern 1000. Sie kamen ins Geschäft und die Firma war gerettet. Warten hatte sich jetzt gelohnt.

Wann lohnt sich warten – wann lohnt sich warten nicht? Johannes verschafft sich Gewissheit, er lässt nachfragen und bekommt zur Antwort: Schau und du wirst es wissen.

Auf neue Beine zu warten lohnte sich für Margarete nicht mehr. Aufs Gesundwerden zu warten lohnt sich auch für chronisch oder irreversibel Kranke heute nicht. Doch es lohnt sich darauf zu vertrauen, dass Leben da ist, volles Leben zur Genüge. Es lohnt sich, sich an Jesus nicht zu ärgern, und auf die Verheißung des Lebens zu trauen. Und: Jesus ist nicht Godot, wir warten auf einen, der sicher kommt und schon jetzt Zeichen des Lebens und der Freude in diese Welt setzt. Amen

Dieses Predigt war ursprünglich für den Gottesdienst im Heilig Geist Krankenhaus am 18.12.2008 geplant. Das in der Predigt benannte Schauspiel ist: Warten auf Godot, von Samuel Beckett, 1952. Der Film „Margarete Steiff" in der Regie von Xaver Schwarzenberger ist 2005 erschienen. Das Drehbuch stammt von Susanne Beck und Thomas Eifler.

Wohin geht die Reise?
Matthäus 21,1-11

Als sie nun in die Nähe von Jerusalem kamen, nach Betfage an den Ölberg, sandte Jesus zwei Jünger voraus und sprach zu ihnen: Geht hin in das Dorf, das vor euch liegt, und gleich werdet ihr eine Eselin angebunden finden und ein Füllen bei ihr; bindet sie los und führt sie zu mir! Und wenn euch jemand etwas sagen wird, so sprecht: Der Herr bedarf ihrer. Sogleich wird er sie euch überlassen. Das geschah aber, damit erfüllt würde, was gesagt ist durch den Propheten, der da spricht (Sacharja 9,9): „Sagt der Tochter Zion: Siehe, dein König kommt zu dir sanftmütig und reitet auf einem Esel und auf einem Füllen, dem Jungen eines Lasttiers." Die Jünger gingen hin und taten, wie ihnen Jesus befohlen hatte, und brachten die Eselin und das Füllen und legten ihre Kleider darauf und er setzte sich darauf. Aber eine sehr große Menge breitete ihre Kleider auf den Weg; andere hieben Zweige von den Bäumen und streuten sie auf den Weg. Die Menge aber, die ihm voranging und nachfolgte, schrie: Hosianna dem Sohn Davids! Gelobt sei, der da kommt in dem Namen des Herrn! Hosianna in der Höhe! Und als er in Jerusalem einzog, erregte sich die ganze Stadt und fragte: Wer ist der? Die Menge aber sprach: Das ist Jesus, der Prophet aus Nazareth in Galiläa.

Unser Leben gleicht einer Reise. Wir sind unterwegs auf einem Weg. Wie in einem Zug, so beschrieb es die Meditation, die wir vorhin gehört haben.

Das Ziel ist eher unbekannt, ein zentraler Bahnhof vielleicht? Ein Ort hoffentlich, an dem wir die wieder treffen, die während unserer eigenen Reise schon aussteigen, bzw. weiterreisen, während wir aussteigen.

Doch ob es diesen Bahnhof gibt, ist eher ungewiss, eher erhofft und ersehnt als wirklich gewusst. Ebenso wenig wissen wir, wann wir ankommen.

Die Sehnsucht ist spürbar. Menschen sehnen sich danach, dass die Mühen der Reise und des Unterwegsseins ein Ende haben werden.

Denn neben den erfreulichen Entdeckungen gibt es ja auch traurige Ereignisse, wenn Eltern sterben oder wenn Menschen Kontakte abbrechen oder nicht zulassen, welche zu ihnen aufzubauen.

So spüre ich in dem Zug offene Fragen: Wozu bin ich unterwegs, Wie lange werde ich unterwegs sein? Wohin geht die Reise?

Finde ich die Antworten in dem Zug? Und wer könnte sie mir geben?

Oder gibt es die Antworten erst außerhalb des Zuges, erst am Zentralbahnhof?

Unter den vielen Menschen, die an verschiedenen Stationen einsteigen, war irgendwann auch Jesus. Neuankömmlinge werden in diesem Zug sehr unterschiedlich aufgenommen. Manchmal bleiben sie nicht in einem Abteil, müssen sich ihres erst suchen oder landen im falschen. So ging es auch Jesus. Er kommt, so schildert es Matthäus, mit einem bestimmten Anspruch. Als König, als Herrscher, als einer, der Macht ausüben will – auf eine bestimmte Weise. Alle Zeichen solcher Macht sind da: das Reittier (wiewohl die Herrschenden in der Regel zu Pferde kamen), Menschen, die ihn begrüßen und huldigen, eine Art Roten Teppich auslegen und Gesänge, Applaus und Hochrufe.

So kommen Herrschende! Doch in dem Bild ist etwas schief: Der Esel und der Machtanspruch passen äußerlich nicht zusammen. Der Esel passt eher zu der alttestamentlichen Verheißung: sanftmütig, demütig ist der, der mit dem Esel kommt. Jesus zeigt sich als einer, der sich unter einen fremden Willen ordnen kann, nämlich unter Gottes Willen.

Oder anders gesagt: Unter den Sinn des Lebens, unter die Grenzen der menschlichen Natur.

Er nimmt die Sterblichkeit an, im Bild des Zuges: er weiß, dass er aussteigen wird. Er kann damit leben als seinem Lebensgesetz. Und einer, der sich so unterordnet, will herrschen! Aber wie? Herrschende geben sich meist in einer Pose als hätten sie auch die Fähigkeit, stärker als der Tod zu sein. Dieser hier akzeptiert den Tod, wird ihn durchleiden. Und so ist es wohl ganz folgerichtig, dass ihn nicht nur Jubel begleitet, sondern auch Erregung, Bestürzung, ja geradezu erdbebenmäßige Erschütterung da ist.

Die Frage: „Wer kommt denn da?" ist nicht allein neugierig gefragt, sondern negativ besetzt, abwehrend, was will der hier? Wollen wir den hier überhaupt?

Ungewohnt fremd kommt dieser sanftmütige Herrscher auf diesem so unpassenden Reittier. Wäre es nicht besser für unsere offenen Fragen, wenn mal einer zustiege, der diese Fragen wirklich beantworten könnte: Wohin, Wozu, Wie lange?

Und nicht einer, der uns in seinem Gebaren und seiner Haltung deutlich macht: Nehmt die Situation so an! Haltet Eure Fragen aus! Lebt, als die ihr geschaffen seid: Nicht alles wissend. Letztlich auch nicht als Herrschende über das Leben.

Unterstellt Euch dem Leben, Eurem Lebensauftrag und verweist mit Eurem Leben auf den, der weiß, wo es langgeht. Und das ist eine Macht außerhalb des Zuges.

Sicher gibt es Antworten auf die Fragen: wohin geht die Lebensreise? Wie lange dauert sie? Wozu bin ich da in diesem Leben?

Doch diese Antworten gibt es nicht jetzt, nicht im Voraus.

Wie lange meine Lebensreise währt, erfahre ich erst an ihrem Ende.

Simeon, der Gottesfürchtige, der auf den Trost Israels wartete, bekam die Zusage, dass er diesen Trost noch erleben werde. Eine indirekte Zeitansage und doch auch vage. Als ihm im Tempel Maria und Joseph mit Jesus begegnen, da sagt er: „meine Augen haben Dein Heil gesehen" (Lukas 2,30). Jetzt weiß er, dass seine Lebensreise zu Ende geht und kann dies in Frieden annehmen. Abraham starb alt und lebenssatt. Es scheint eine Zeit zu geben, an der sich das Leben erfüllt, an der Menschen gehen können, weil sich eine Sehnsucht erfüllt hat oder weil sie gesättigt sind von den Lebens Gaben. Wir wissen lediglich, die Zeit zum Aussteigen kommt. Wann sie da ist, lässt sich nicht linear beantworten.

Ob es einen zentralen Zielbahnhof gibt, erfahre ich vielleicht erst, nachdem ich ausgestiegen bin.

Und wozu bin ich da auf dieser Welt? Das zeigt sich vielleicht nur Stück für Stück im Vollzug des Lebens und im Vertrauen darauf, dass da jemand ist, der diesen Weg weiß und mich begleitet.

Dieses Vertrauen - wo bekomme ich es her, wenn ich in diesem Zug bin? Ist es selber von Anfang an schon drin im Zug? Es geht ja um Vertrauen auf Antworten außerhalb des Zuges. Diese Sehnsucht nach einem Ende der Mühe, nach einem Zielbahnhof, wo kommt diese Sehnsucht her?

Sie ist wohl Teil dieses Lebens und drückt sich stark aus im Bild des Zuges. Mit Zügen fahren wir in der Regel, um anzukommen, darin könnte die Sehnsucht nach einer Ortsveränderung liegen. In der Bibel und im Koran hat die Sehnsucht einen Namen: Gott.

Christinnen und Christen glauben, dass in diesem Jesus von Nazareth Gott in unsere Welt kommt und unsere Sehnsucht schon ein Stück weit stillt.
Menschen jüdischen Glaubens erwarten Gottes Ankunft anders, doch auch sie erwarten Gottes Kommen.
Für Christinnen und Christen – und nur hier kenne ich mich einfach etwas besser aus – ist dieser Jesus einer, dem ich meine Lebensreise anvertrauen kann, der mit mir unterwegs ist auf meinen Wegen, der weiß, wozu ich da bin, wie lange ich hier sein werde und mir auch versichert, dass es so etwas wie einen Zentralbahnhof gibt. Seine Sprache sagt das so: „In meines Vaters Hause sind viele Wohnungen" (Johannes 14,2).

Wenn ich die Antworten auf meiner Lebensreise nicht weiß, so kann ich mich doch dem anvertrauen, der sie weiß und aus diesem Vertrauen heraus einfach leben.
„Dem Herren will ich trauen, wenn mir's soll wohlergehen. Auf sein Werk will ich schauen, wenn mein Werk soll bestehen." Dieser Herr ist es, der in den Zug unseres Lebens zusteigen will, sanftmütig, demütig und geradeso unser Vertrauen beanspruchend. Amen

Die Predigt wurde am 9. Dezember 2008 im ökumenischen Wortgottesdienst zu Beginn der vorweihnachtlichen Feier für die Mitarbeitenden im Heilig-Geist-Krankenhaus und in der

Stiftung des Cellitinnen zur heiligen Maria gehalten. Die Schwestern der Ordensgemeinschaft der „Cellitinnen zur Heiligen Maria in der Kupfergasse" in Köln-Longerich nahmen ebenfalls an dem Gottesdienst teil. Vorbereitet wurde der Gottesdienst durch ein Team, das ein Thema festlegte, die jeweiligen Teile des Gottesdienstes einzelnen Vorbereitenden zuordnete und die Durchführung gestaltete. Diesem Kontext fügt sich die Predigt ein. Die Themenidee, das Leben als eine Reise im Zug anzusehen sowie die in der Predigt benannte Meditation wurde von Teilnehmenden eingebracht. Die in der Predigt benannte Liedstrophe stammt aus dem Evangelischen Gesangbuch: Paul Gerhardt, Befiehl du deine Wege (EG 361), 2. Strophe.

Der andere König
Matthäus 21,1-17

Als sie nun in die Nähe von Jerusalem kamen, nach Betfage an den Ölberg, sandte Jesus zwei Jünger voraus und sprach zu ihnen: Geht hin in das Dorf, das vor euch liegt, und gleich werdet ihr eine Eselin angebunden finden und ein Füllen bei ihr; bindet sie los und führt sie zu mir! Und wenn euch jemand etwas sagen wird, so sprecht: Der Herr bedarf ihrer. Sogleich wird er sie euch überlassen. Das geschah aber, damit erfüllt würde, was gesagt ist durch den Propheten, der da spricht (Sacharja 9,9): „Sagt der Tochter Zion: Siehe, dein König kommt zu dir sanftmütig und reitet auf einem Esel und auf einem Füllen, dem Jungen eines Lasttiers." Die Jünger gingen hin und taten, wie ihnen Jesus befohlen hatte, und brachten die Eselin und das Füllen und legten ihre Kleider darauf und er setzte sich darauf. Aber eine sehr große Menge breitete ihre Kleider auf den Weg; andere hieben Zweige von den Bäumen und streuten sie auf den Weg. Die Menge aber, die ihm voranging und nachfolgte, schrie: Hosianna dem Sohn Davids! Gelobt sei, der da kommt in dem Namen des Herrn! Hosianna in der Höhe! Und als er in Jerusalem einzog, erregte sich die ganze Stadt und fragte: Wer ist der? Die Menge aber sprach: Das ist Jesus, der Prophet aus Nazareth in Galiläa. Und Jesus ging in den Tempel hinein und trieb heraus alle Verkäufer und Käufer im Tempel und stieß die Tische der Geldwechsler um und die Stände der Taubenhändler und sprach zu ihnen: Es steht geschrieben (Jesaja 56,7): „Mein Haus soll ein Bethaus heißen"; ihr aber macht eine Räuberhöhle daraus. Und es gingen zu ihm Blinde und Lahme im Tempel und er heilte sie. Als aber die

Hohenpriester und Schriftgelehrten die Wunder sahen, die er tat, und die Kinder, die im Tempel schrien: Hosianna dem Sohn Davids!, entrüsteten sie sich und sprachen zu ihm: Hörst du auch, was diese sagen? Jesus antwortete ihnen: Ja! Habt ihr nie gelesen (Psalm 8,3): „Aus dem Munde der Unmündigen und Säuglinge hast du dir Lob bereitet"? Und er ließ sie stehen und ging zur Stadt hinaus nach Betanien und blieb dort über Nacht.

„Lass mich Dein Esel sein, Christus!" so hat Dom Helder Camara einmal gesagt. Er sollte vor einer großen Menge Menschen sprechen und spürte die hohen Erwartungen, die ihm entgegenschlugen.
„Lass mich Dein Esel sein, Christus, auf dem Du zu all diesen Menschen kommst", das war sein Gebet. Von Gott erbittet er, der Esel sein zu dürfen, der Jesus trägt.

Auf einem Esel kommt Jesus und zieht in Jerusalem ein. Wie ein König und doch ganz anders.
Alles ist da: ein Reittier, (in der Regel sind das eigentlich Pferde) und eine Menge Menschen, die ihm huldigen und Ehrerbietung erweisen, üblicherweise wurden Straßen mit Zweigen und Blumen bestreut. Heute kennen wir das wohl nur noch von Hochzeiten, zum Empfang von weltlichen Herrschenden gibt es einen roten Teppich.
Und auch Gesang und Applaus sind da. Sie singen die alten Lieder in neuen Situationen: Hosanna rufen sie, was eigentlich wörtlich übersetzt heißt: Hilf doch. So jedenfalls im Psalm 118, Vers 25. Hier ist es mittlerweile zu einem Freuden- und Heilsruf geworden. Dazu gesellt sich der Gesang aus einem weiteren Psalm (117, 26), wie er in der

griechischen Übersetzung des ersten Testamentes überliefert ist: „Gepriesen sei, der im Namen des Herrn kommt". So sprechen Priester am Tor des Tempels zu den Pilgern und nehmen sie in Empfang. Bei uns heißt es: Schön, dass Sie da sind.

Sogar die Engel werden aufgefordert einzustimmen in den Hosiannaruf: Hosianna in der Höhe. So ein begeisterter Empfang für Jesus!

Möchte ich wohl der Esel sein oder möchte mich an anderer Stelle einfinden?

Der Esel trägt Jesus, er steht unter seinem Kommando, er steht zu Diensten, Fernwirkung von Jesu Willen bis hinein in sein Heimatdorf. Ohne Diskussion, nur auf die Tatsache hin, dass „der Herr ihrer bedarf", lässt der Besitzer die Tiere ziehen.

Der Esel trägt, spricht nicht, gehorcht. Er trägt Jesus. Ob er stolz ist? Demütig? Angstvoll, Ruhig?

Oder möchte ich dort sein, in der Menge der Menschen, die in aufgeregter Erwartung Zweige streuen, oder hörend, sehend, zuschauend? Unter den Menschen, die eine Sehnsucht an diesen Ort gezogen haben mag?

Dann sind da die, die rufen und singen, sie singen die alten Lieder und diese sind mit einem Mal völlig aktuell.

Wie sind sie gestimmt? Kommen sie von Erfahrungen her, die sie von diesem Jesus überzeugt haben, so dass sie nun eine Art Eskorte für Jesus bilden oder sind sie überwältigt und geblendet von der Menge der Menschen, die sich eingefunden haben?

Dann ist da die Stadt.

Die in der Stadt leben, die spüren ein Erdbeben!

Da kommt einer untypisch auf einem Esel und viele Leute singen alte Lieder und die Stadt erbebt. Kinder singen und Priester (die Geistlichkeit) sind verärgert.

Welchen Ort hätten Sie gerne gewählt?
Den Esel? Auf den ersten Blick wohl unattraktiv. Mit dem kann jeder machen, was er will. Ist sehr genügsam. Jedoch stellt sich die Frage: für wen will ich Esel sein? Es ist keine Einladung an bequeme Menschen, die Lasten gern an andere verteilen möchten. Darum Achtung: wer will sonst noch reiten? Oder anders gefragt: was soll auf unserem Rücken sonst noch ausgetragen werden? Sparmaßnahmen, Kurzarbeit, Refinanzierungen von gemeindlicher Arbeit? Beziehungsarbeit, die sich die Menschen gegenseitig zuweisen? Oder Klärungen, die andere nicht vornehmen wollen?
Seien Sie achtsam und wachsam! „Mein Joch ist sanft" (Matthäus 11,30), sagt Jesus, und: „Kommt her ..., die ihr mühselig und beladen seid, ich will euch erquicken" (Matthäus11, 28). Das sieht dann so aus: sein Weg führt ihn direkt in den Tempel.
Im leiblichen Bereich können Rückenschmerzen durchaus ein Hinweis auf falsche Reiter sein. Lass mich DEIN Esel sein, dies Gebet kann helfen zu unterscheiden, wer da reiten will und indem ich mich wie Dom Helder Camara Jesus zur Verfügung stelle, werden andere Reiter das nachsehen haben. Der Platz auf meinem Rücken ist dann nämlich schon besetzt. Und so übt Jesus als der andere König Macht aus: die Finanzwirtschaft wird des Heiligtums verwiesen, die Lahmen und Blinden finden jetzt darin Heilung. Der Tempel ist wieder ein Ort des Heils.
Warum gab es die Finanzwirtschaft überhaupt am Tempel? Sie sollten ermöglichen, Opfertiere zu kaufen, damit die Menschen die Opfertiere

nicht über viele Kilometer mitführen mussten. So konnten sie zu Hause verkaufen und am Tempel neu kaufen. Sie hatte dienende Funktion. Der Tempel selber sollte kein Handelshaus mehr sein.

Wenn Jesus kommt, dann kommt etwas in Bewegung, Menschen kommen in die Gänge, stellen sich auf um zu schauen, treten heraus aus ihrem Alltag und – singen die alten Lieder. Oder: Sie werden aus dem Tempel vertrieben, werden erschüttert wie von einem Erdbeben und geraten in Furcht. Und der Tempel wieder ein Ort des Heils. Amen

Die Predigt wurde am 1. Advent 2008 in der Immanuelkirche in Köln-Longerich gehalten. Das Zitat von Dom Helder Camara habe ich gefunden in: Dorothee Sölle, Das Fenster der Verwundbarkeit, theologisch-politische Texte, Stuttgart, 1987, S. 302.

Dranbleiben, klar bleiben!
Matthäus 24,1-14

Und Jesus ging aus dem Tempel fort und seine Jünger traten zu ihm und zeigten ihm die Gebäude des Tempels. Er aber sprach zu ihnen: Seht ihr nicht das alles? Wahrlich, ich sage euch: Es wird hier nicht ein Stein auf dem andern bleiben, der nicht zerbrochen werde. Und als er auf dem Ölberg saß, traten seine Jünger zu ihm und sprachen, als sie allein waren: Sage uns, wann wird das geschehen? Und was wird das Zeichen sein für dein Kommen und für das Ende der Welt? Jesus aber antwortete und sprach zu ihnen: Seht zu, dass euch nicht jemand verführe. Denn es werden viele kommen unter meinem Namen und sagen: Ich bin der Christus, und sie werden viele verführen. Ihr werdet hören von Kriegen und Kriegsgeschrei; seht zu und erschreckt nicht. Denn das muss so geschehen; aber es ist noch nicht das Ende da. Denn es wird sich ein Volk gegen das andere erheben und ein Königreich gegen das andere; und es werden Hungersnöte sein und Erdbeben hier und dort. Das alles aber ist der Anfang der Wehen. Dann werden sie euch der Bedrängnis preisgeben und euch töten. Und ihr werdet gehasst werden um meines Namens willen von allen Völkern. Dann werden viele abfallen und werden sich untereinander hassen. Und es werden sich viele falsche Propheten erheben und werden viele verführen. Und weil die Ungerechtigkeit überhand nehmen wird, wird die Liebe in vielen erkalten. Wer aber beharrt bis ans Ende, der wird selig werden. Und es wird gepredigt werden dies Evangelium vom Reich in der ganzen Welt zum Zeugnis für alle Völker, und dann wird das Ende kommen.

Diese Verse sind weit über tausend Jahre alt – und doch beschreiben sie vieles, was wir heute – 1986 – ebenfalls kennen. Ein hochaktueller Text also! Da wird berichtet von Kriegen, Staat gegen Staat, Hungerkatastrophen und Erdbeben.
Menschen werden verfolgt und getötet um ihres Glaubens willen. Andererseits werden Menschen auftreten, die der Menschheit oder Teilen davon Heil und Hilfe versprechen.
Gesetzesverachtung und Lieblosigkeit greifen um sich, gegenseitiger Verrat ist an der Tagesordnung. Das alles ist uns bestens vertraut.

Täglich lesen wir in der Zeitung oder hören in den Nachrichten von Ereignissen, die uns auch der Predigttext erzählt. So gesehen, bräuchte ich ihn vielleicht gar nicht aktualisieren. Doch da ist etwas, das geht über die Zeitungsnachrichten hinaus. „Sehet zu, erschreckt nicht. Denn es muss so kommen, aber es ist noch nicht das Ende."
Diesen Satz allerdings finde ich nicht in der Zeitung. Sehet zu, erschrecket nicht. Die Welt geht ja erst zu Ende, wenn Jesus wiederkommt. Keine Minute früher. Und der da kommen soll, der ist uns bereits bekannt oder könnte zumindest uns bekannt sein. Jesus kommt uns am Ende der Welt entgegen. Deshalb brauchen wir uns nicht niedergeschlagen und entmutigt die schrecklichen Dinge anhören, die hier bei Matthäus aufgezählt sind.

Aber ist uns wirklich der, der da am Ende kommt vertraut? Manchmal scheint mir, als sei Jesus in unserm christlichen Abendland gar nicht so vertraut, wie die Jahrhunderte alte Tradition vermuten lässt.

Kennen wir Jesus vielleicht nur noch als Hauptperson von so schönen Geschichten wie die von der Geburt in Bethlehem? Jesus als Stimmungsmacher für die Advents- und Weihnachtszeit. Der alle Jahre wieder herausgeholt wird samt Kerzen und Tannenbaumschmuck, um uns die dunkle Jahreszeit zu verschönern?

Vielleicht erschrecken wir auch deshalb so sehr über diesen Text, weil Jesus uns so unbekannt geworden ist und weil wir heute nicht mehr mit ihm rechnen.

Erwarten wir denn tatsächlich noch Rettung für unsere Welt von Jesus?
Erwarten wir Hilfe bei der Lösung unserer Probleme noch von Jesus?
Trauen wir ihm noch was zu in Sachen „Frieden auf Erden"?

Oder feiern wir lediglich die nette Erinnerung an einen, der damals lebte, an einen einmal Gewesenen? So wie wir vielleicht auch Goethe und Bach und Luther feiern?

Hat er einen Platz in unserem Alltag, findet er Gehör, wenn in der Berufswelt oder Zuhause Entscheidungen getroffen werden? Und auch im politischen und gesellschaftlichen Bereich? Gott hat mit dieser Welt was vor. Haben wir das auf der Rechnung?

Da gibt es doch viele verlockendere Angebote. Sie wollen garantieren, dass unser Leben gelingt, sie versprechen uns Glück und Freude. Und das Traumschiff flüstert uns ein: Lebensträume können wahr werden. Der Predigttext nennt solche Flüsterer und Anbieter: Falsche Propheten. Sie raunen uns zu: „Kauf und Du wirst glücklich". – „Weihnachtsfreude – hübsch verpackt", „Einkaufen in Köln – ein himmlisches Vergnügen". Freude und Glück – sie sind käuflich. Für Geld ist alles zu haben.

Ein anderer Satz eines falschen Propheten: „Wir haben alles im Griff, es kann uns nichts passieren". Er verspricht uns Sicherheit vor einem Krieg, wenn wir nur genügend Waffen ansammeln. Sicherheit vor Unfällen im Bereich der Kernenergie, wenn wir nur genug weiterforschen. Sicherheit für unseren Lebensstandard, wenn wir nur genügend Energie erzeugen und uns wirtschaftlich ein wenig aufschwingen.

Wirklich verlockende Angebote, gute Nachrichten. Sie setzen sich effektvoll ins Licht und man kommt fast nicht an ihnen vorbei. Falsche Propheten sind da am Werk.

Sie versuchen zu verführen und zu täuschen. Ihre Versprechen sind ausgesprochen attraktiv und sie halten genau das parat, wonach wir so dringend Ausschau halten.

Viel unattraktiver ist da ja wirklich der Christus, der verfolgt wurde und der von seinen Anhängern sagt, dass es ihnen auch so gehen wird.

Und dann hat er nur dies Versprechen für sie: „Wer aber beharrt bis ans Ende, der wird selig werden. Und es wird gepredigt werden dies Evangelium vom Reich in der ganzen Welt zum Zeugnis für alle Völker, und dann wird das Ende kommen" (Vers 13b.14).

Diese Sätze stehen auch nicht in der Zeitung.

Neben all den Horrormeldungen soll auch dies ein Zeichen unserer Zeit sein: Die Verkündigung der frohmachenden Botschaft.

Die erfreuliche Botschaft von Jesu Wiederkunft will uns Kraft geben und aufrichten.

Kraft zum Ausharren in dieser Welt voll von Katastrophen, voll von technischen Möglichkeiten bis hin zu Selbstvernichtung des Ganzen.

Doch es ist möglich, dass wir ihre Kraft gar nicht mehr spüren und dass wir getäuscht werden von Heilsbotschaften, die sich anheischig machen, sie zu übertrumpfen und sich eine Gestalt geben, die ihr zum Verwechseln ähnlich ist.

Auch das ist möglich, dass wir am Evangelium irre werden weil es uns - statt kraftvoll - eher langweilig und nichts sagend erscheint. Weil es uns nicht mehr froh macht, sondern uns nur noch in der Gestalt niederdrückender Forderungen erscheint.

Christen sollten engagierter sein, ihre Probleme viel humaner lösen.

Christen müssen gegen die Rüstung eintreten.

Oder es hat auf uns keine frohmachende Wirkung mehr, weil es sooft für die gegensätzlichsten Positionen in Anspruch genommen wird: Frieden schaffen mit und ohne Waffen.

Manchmal wird die Botschaft auch eingesperrt in die Ecke eines frommen Vorspruchs oder in große, wohlklingende Worte und damit ausgesperrt aus dem Alltag. Harret aus! Lasst euch nicht täuschen! Das Evangelium wird verkündet und es gibt die Kraft zum Ausharren.

Wenn wir uns heute darauf einlassen, dass die Botschaft von Jesu Wiederkunft uns stärken will, dann werden wir seine Kraft spüren. Wer das Evangelium kennt, kann unterscheiden zwischen dem Evangelium der großen Versprechen und dem Evangelium Jesu. Wer das Evangelium kennt lässt sich nicht täuschen, starrt nicht auf die Zeitungsmeldungen, unbeweglich und handlungsunfähig.

Jesus Christus kommt wieder. Das ist die Frohe Botschaft unseres Textes heute.

Unsere Aussichten sind prima. Mit so einer Zukunft lässt sich's leben und ausharren.

Nicht etwa, weil wir so entsetzliche Dickköpfe sein wollen, die krampfhaft und verbissen für eine aussichtslose Sache kämpfen.

Nein, ausharren heißt hartnäckig festhalten an dem Versprechen Jesu, dass er wiederkommt und unsere Zukunft von ihm abhängt, heißt unverdrossen den optimistischen Forderungen der technischen Macher entgegentreten, heißt unbeirrbar die falschen Propheten und ihre Heilstaten zu entlarven.

Heißt, sich nicht mit dem Zustand der Welt ab zu finden oder gar ihren Untergang in Kauf zu nehmen, sondern immer wieder die Aussicht auf das Kommen Jesu dagegenstellen.

Wir müssen uns nicht verzweifelt in das Rad der Zeit werfen, uns nicht mit aller Kraft an den Zeiger der Weltuhr hängen, um sie anzuhalten. Wer das Evangelium kennt, dem wird dieser Text zur Freudenbotschaft und unsere Gegenwart zur Gnadenzeit. Den hält kein Dunkel mehr, denn er weiß, wie es in dem vorhin gesungenen Lied heißt: „Gott will im Dunkel wohnen und hat es doch erhellt."

Und noch eins: dass diese Welt mit Jesu Kommen zu Ende geht, steht in der **Bibel** nicht in der Zeitung.

Dass wir selber das Ende herbeiführen könnten, steht in der **Zeitung,** nicht in der Bibel. Die Selbstvernichtung der Erde ist keine Möglichkeit des Evangeliums.

Wenn wir uns einlassen auf diesen Jesus, der uns dieses scheinbar so unattraktive Versprechen macht, dann können wir auch fröhlich den erwarten, mit dessen Kommen die Welt zu Ende geht. Denn den kennen wir dann ja schon. Amen

Diese Predigt wurde am 2. Advent 1986 in der Begegnungsstätte Lindweiler Treff in Köln-Lindweiler und in dem Gemeindezentrum in Köln-Pesch gehalten

Warten braucht Vergewisserung
Matthäus 24,1-14

Und Jesus ging aus dem Tempel fort, und seine Jünger traten zu ihm und zeigten ihm die Gebäude des Tempels. Er aber sprach zu ihnen: Seht ihr nicht das alles? Wahrlich, ich sage euch: Es wird hier nicht ein Stein auf dem andern bleiben, der nicht zerbrochen werde. Und als er auf dem Ölberg saß, traten seine Jünger zu ihm und sprachen, als sie allein waren: Sage uns, wann wird das geschehen? Und was wird das Zeichen sein für dein Kommen und für das Ende der Welt? Jesus aber antwortete und sprach zu ihnen: Seht zu, dass euch nicht jemand verführe. Denn es werden viele kommen unter meinem Namen und sagen: Ich bin der Christus, und sie werden viele verführen. Ihr werdet hören von Kriegen und Kriegsgeschrei; seht zu und erschreckt nicht. Denn das muss so geschehen; aber es ist noch nicht das Ende da. Denn es wird sich ein Volk gegen das andere erheben und ein Königreich gegen das andere; und es werden Hungersnöte sein und Erdbeben hier und dort. Das alles aber ist der Anfang der Wehen. Dann werden sie euch der Bedrängnis preisgeben und euch töten. Und ihr werdet gehasst werden um meines Namens willen von allen Völkern. Dann werden viele abfallen und werden sich untereinander verraten und werden sich untereinander hassen. Und es werden sich viele falsche Propheten erheben und werden viele verführen. Und weil die Ungerechtigkeit überhandnehmen wird, wird die Liebe in vielen erkalten. Wer aber beharrt bis ans Ende, der wird selig werden. Und es wird gepredigt werden dies Evangelium vom Reich in der ganzen Welt zum Zeugnis für alle Völker, und dann wird das Ende kommen.

So sitzen wir heute hier in Adventsstimmung und bereiten uns auf Weihnachten vor. Der Advent verbreitet neben einer hektischen Stimmung auch eine Sehnsucht nach feierlicher Erwartung. Worauf wir in diesen Tagen zugehen, das ist ein Fest, ein großes Fest mit allem, was dazu gehört. Vielleicht mischen sich in die Festhoffnung auch Ängste vor dem Zusammentreffen der Familien, vor dem emotionalen Stress und der vielen Arbeit.

Wenn also nicht nur gute, positive Gefühle da sind, sondern auch gemischte, so steht der Predigttext doch noch mal quer zur Stimmung.
Er spricht auch von einer Erwartung, jedoch von einer scheinbar gänzlich anderen.
Der Text ist apokalyptisch gefärbt, spricht vom Untergang und Drangsalen, Krieg, Hunger, Erdbeben – diese weisen auf ein apokalyptisches Ende. Und dieses Ende ist hier im Blick. Solches möchten wir wohl eher nicht erwarten in dieser Adventszeit.
Die Jünger jedoch wollen wissen, wann und wie das Ende kommt und wie diese Weltzeit zu Ende geht. Jesus antwortet darauf nicht. Die Zeichen der Endzeit werden zu Vorboten – das Ende ist es dann jedoch nicht. Dazwischen wird eine Zeit der Anfechtung sein. Da werden Menschen sein, die von sich behaupten im Verkündigungsdienst zu stehen und sie werden die Botschaft von Gott falsch wiedergeben, sie also verfälschen. Solches wird möglich sein und es wird die Menschen verwirren, weil sie nicht wissen, wem sie vertrauen sollen.

Drangsale, ob zeitgeschichtlich oder persönlich verstanden, sie lassen sich auch verstehen als Wehen, wenn die Geburt am schwersten ist dann ist der Umschwung nahe.

In der Mitte der Nacht liegt der Anfang eines neuen Tages oder wie wir nachher singen:

"Die Nacht ist vorgedrungen, der Tag ist nicht mehr fern".

All das Negative führt zu dem Kommen Jesu, führt zu seiner Wiederkunft, führt dazu, dass das Evangelium überall verkündigt wird.

Jesus verweigert präzise Angaben zum Ende die Zeit und Raum betreffen. So wissen wir auch nicht, wann der Schmerz vorbei ist. Jedoch wissen wir: er wird vorbei gehen.

Bis dahin gilt es auszuhalten und zu verstehen: dies ist nicht das Ende, Jesus hat dies gesagt und er weiß Bescheid.

Stand halten – widerstehen – sich nicht verführen lassen von der Panik, die uns Menschen in solch bedrängenden Situationen erfassen kann, von dem, was uns Angst macht und von den Menschengesetzen und den Stimmungen: es ist doch alles umsonst, ich sehe gar nichts von einer neuen Welt.

Jesus legt uns eine andere Sichtweise nahe: Er sieht den Tempel so, wie ihn die Jünger nicht sehen, nicht sehen können. Er sieht die Wahrheit.

Luise Schottroff hat dazu gesagt:

„... wenn ich zulasse, dass ich die Wahrheit sehe, erst wenn ich mich der Wirklichkeit mit ihrem Schrecken stelle, wächst auch die Kraft".

Das ist so, sagt Jesus. Und das muss auch so sein. Vielleicht liegt hier das Geheimnis der Widerstandskraft, die wir Resilienz nennen, nämlich die Kraft, schwierige Erfahrungen und Widerfahrnisse zu bewältigen ohne daran zu zerbrechen.

Erschreckt nicht, sagt Jesus, lasst euch nicht packen von Euren Emotionen, lasst Euch nicht Angst einjagen, Panik machen. Schaut hin und lernt zu sehen mit meinem Blick. Das Ende ist nicht der Untergang. Das Ende ist, wenn ich komme, wenn ich wiederkomme. Haltet fest an der Liebe und an dem, was ich Euch gesagt habe. Haltet fest auch an Eurer Taufe. Ihr gehört zu mir.

Lasst Euch nicht abwerben von dem, was ihr erlebt.

Lasst Euch nicht einreden, das alles spräche gegen mich. Krankheiten, Schmerzen, Verfolgungen, Hass, lasst Euch nicht einreden, dies sei ein Grund gegen mich oder ein Beweis meiner Ferne.

Kleine Vorschüsse haben wir schon, damit wir auf Durststrecken durchhalten können.

Viele sind getauft, haben unter Umständen einen Taufspruch, an dem sie sich festhalten können. Sich unter den Segen stellen, das ist auch so ein Vorschuss, das Abendmahl ein anderer. Dann die Worte der Bibel, die uns erinnern, wie der Gnadenspruch im heutigen Gottesdienst es sagt: „Steht auf und erhebt eure Häupter, weil sich eure Erlösung naht" (Lukas 21, 28).

Wenig festlich kommt dieser Text daher und doch zuversichtlich.

Unter apokalyptischen Bildern versteckt sich die Hoffnung auf Jesu Kommen, die Hoffnung, dass das was uns Mühe macht auf dieser Erde, ein Ende haben wird.

Ein Licht wird kommen, die Liebe wird unter uns regieren und der Hass hat ein Ende.

Wenig feierlich in seiner Stimmung, doch mit großem Trost kündet der Text davon, dass und wie Jesus kommt: durch dunkle und schwierige Zeiten und in seinem Kommen haben sie ihr Ende. Amen

Diese Predigt wurde am 2. Advent 2004 in der Immanuelkirche in Köln-Longerich gehalten. Das Zitat von Luise Schottroff habe ich gefunden und zitiert nach: Susanne Kahl-Passoth, 2. Sonntag im Advent, Predigttext: Matthäus 24,1-4, in: Gottesdienstpraxis, herausgegeben von Erhard Domay und Horst Nitschke, Gütersloh, Serie A, Arbeitshilfen für die Gottesdienste zu den Sonn- und Feiertagen des Kirchenjahres, Perikopenreihe 3, Band 1, 1992, S. 21.

Einem Engel begegnen
Lukas 1,26-38

Im sechsten Monat wurde der Engel Gabriel von Gott in eine Stadt in Galiläa namens Nazaret zu einer Jungfrau gesandt. Sie war mit einem Mann namens Josef verlobt, der aus dem Hause David stammte. Der Name der Jungfrau war Maria. Der Engel trat bei ihr ein und sagte: Sei gegrüßt, du Begnadete, der Herr ist mit dir. Sie erschrak über die Anrede und überlegte, was dieser Gruß zu bedeuten habe. Da sagte der Engel zu ihr: Fürchte dich nicht, Maria; denn du hast bei Gott Gnade gefunden. Du wirst ein Kind empfangen, einen Sohn wirst du gebären: dem sollst du den Namen Jesus geben. Er wird groß sein und Sohn des Höchsten genannt werden. Gott, der Herr, wird ihm den Thron seines Vaters David geben. Er wird über das Haus Jakob in Ewigkeit herrschen, und seine Herrschaft wird kein Ende haben. Maria sagte zu dem Engel: Wie soll das geschehen, da ich keinen Mann erkenne? Der Engel antwortete ihr: Der Heilige Geist wird über dich kommen, und die Kraft des Höchsten wird dich überschatten. Deshalb wird auch das Kind heilig und Sohn Gottes genannt werden. Auch Elisabeth, deine Verwandte, hat noch in ihrem Alter eine Sohn empfangen; obwohl sie als unfruchtbar galt, ist sie jetzt schon im sechsten Monat. Denn für Gott ist nichts unmöglich. Da sagte Maria: Ich bin die Magd des Herrn; mir geschehe, wie du es gesagt hast. Danach verließ sie der Engel. (Einheitsübersetzung)

Dieser Text ist in beiden Konfessionen wichtig, bei den katholischen Glaubensgeschwistern wegen der Marienverehrung, bei den evangelischen weil Maria eine vorbildlich Glaubende ist. Besonders von evangelischen Frauen ist sie in den letzten zwanzig Jahren in das Bewusstsein gehoben worden. Heute liegt eher der Schwerpunkt auf der Begegnung zwischen Maria und dem Engel: Männer mit Flügeln ist unser Thema für diesen Gottesdienst. Wir haben Engelschichten gehört und von Engeln gesungen, diese biblische Geschichte ist auch eine Engelsgeschichte.

Woran erkennen wir Engel? Schauen wir auf die Krippendarstellung hier in der Kirche: Maria in meditativer Haltung, der Engel in weiß, Kinder würden sagen: die sind doch immer weiß! Also klar, der in weiß ist natürlich der Engel.
In der Geschichte von Hans-Dieter Hüsch war es schwieriger, ambivalenter. Der Erzähler hat den Eindruck einen Leibwächter zu haben, oder vielleicht einen Hund? Im Gespräch mit dem Lieben Gott versuchen die zwei das zu klären ob diese Erscheinung vielleicht ein Engel ist. So richtig klar wird ihnen nicht. Am Ende kam dann ein Hund. Als Engel?

Woran erkennt Maria den Engel?
Flügel hatte er übrigens nicht, die braucht er nach Rudolf Otto Wiemer auch nicht.
Sie erkennt ihn am Wort, an dem Gruß, den er spricht: „Begnadete .... Fürchte dich nicht".

Engeln zu begegnen, kann einen ziemlichen Schrecken nach sich ziehen. Und das, was er ihr mitteilt, ist auch nicht ohne. Keine einfache Situation wird das, ein Kind zu bekommen, als Verlobte, also unverheiratet. Dennoch sagt sie in dieser Situation: Ja, denn sie hört: Ich bin mit dir.

Vielleicht sind Sie auch schon mal jemanden zum Engel geworden und haben von Patientinnen oder Patienten gehört: Sie sind ein Engel. Vielleicht hatten Sie gegenüber den Menschen im Bett so etwas ausgestrahlt wie: „Fürchte Dich nicht, ich bin mit Dir. Du brauchst keine Angst zu haben, wir tun, was wir können, hier bist Du gut aufgehoben". Ob Worte oder Gesten, beide können solches den Menschen vermitteln.

Menschen fühlen sich hier auch gut aufgehoben, höre ich immer mal wieder.
Ich bin mit dir in der Chemotherapie. Wir lassen Dich nicht allein.
Der Engel mutet Maria ziemlich was zu. doch er schenkt auch Schutz.
So werden die, die Gottes Wort ausrichten, für uns auch zu Schutzengeln: am Wort erkennbar.
Maria hat diesem Engel vertraut. Schon allein darum ist sie für uns, katholische und evangelische, eine wichtige Person der Bibel.

Amen

Die Predigt wurde 2004 im ökumenischen Wortgottesdienst zu Beginn der vorweihnachtlichen Feier für die Mitarbeitenden im Heilig-Geist-Krankenhaus und in der Stiftung des Cellitinnen zur heiligen Maria gehalten. Die Schwestern der

Ordensgemeinschaft der „Cellitinnen zur Heiligen Maria in der Kupfergasse" in Köln-Longerich haben ebenfalls an dem Gottesdienst teilgenommen. Vorbereitet wurde der Gottesdienst durch ein Team, das ein Thema festlegte, die jeweiligen Teile des Gottesdienstes einzelnen Vorbereitenden zuordnete und die Durchführung gestaltete. Das Thema lautete: Männer mit Flügeln. Diesem Kontext fügt sich die Predigt ein. Aufgrund des leichter verständlichen Textes der Einheitsübersetzung und da es sich um einen ökumenischen Gottesdienst handelte, habe ich mich dafür entschieden, der Lesung des Predigttextes „Die Bibel. Altes und Neues Testament, Einheitsübersetzung, Freiburg 1980, zugrunde zu legen. Im Gottesdienst wurde nach dem Kyrie die Geschichte „Mein Schutzengel" von Hanns Dieter Hüsch gelesen, sie ist abgedruckt in: Das kleine Weihnachtsbuch, Düsseldorf, [4]1999, S. 8-11

Das Gedicht von Rudolf Otto Wiemer, Es müssen nicht Engel mit Flügeln sein, das ebenfalls im Gottesdienst verlesen wurde, stammt aus: Praxishilfe Weihnachten, herausgegeben von Armin Beuscher, Nidderau, 2011, S. 65.

Die Macht des Gesanges
Lukas 1, 46-55

Und Maria sprach:
Meine Seele erhebt den Herrn,
*   und mein Geist freut sich Gottes, meines Heilandes;*
denn er hat die Niedrigkeit seiner Magd angesehen.
*   Siehe, von nun an werden mich selig preisen alle Kindeskinder.*
Denn er hat große Dinge an mir getan,
*   der da mächtig ist und dessen Name heilig ist.*
Und seine Barmherzigkeit währt von Geschlecht zu Geschlecht
*   bei denen, die ihn fürchten.*
Er übt Gewalt mit seinem Arm
*   und zerstreut, die hoffärtig sind in ihres Herzens Sinn.*
Er stößt die Gewaltigen vom Thron
*   und erhebt die Niedrigen.*
Die Hungrigen füllt er mit Gütern
*   und lässt die Reichen leer ausgehen.*
Er gedenkt der Barmherzigkeit
*   und hilft seinem Diener Israel auf,*
wie er geredet hat zu unsern Vätern,
*   Abraham und seinen Kindern in Ewigkeit.*

Für diesen Gottesdienst haben Sie die Lieder ausgesucht, die wir singen. Der Predigttext fügt noch ein weiteres Lied hinzu. Maria singt! Sie singt ein Loblied, das als Magnificat Psalmen und Lobgesänge hinten in unserem Gesangbuch Eingang fand.

So wie wir uns in das Liedgut der Tradition einreihen, so tut es auch Maria. Dieser Lobgesang ist nicht von ihr gedichtet. Sie greift auf alte Lieder zurück. So haben Menschen schon vor ihr gesungen. z. B. Hanna, die Kinderlose, die von Gott ein Kind erbat und ihn dann Gott weihte.

Mich wundert vielmehr, dass ihr überhaupt zum Singen zumute ist. Sie war einem Mann versprochen, noch nicht verheiratet und ging allein durchs Gebirge. War vielleicht noch keine 16 und dennoch schon schwanger; ein Kind ohne Vater? Wie soll das gehen, was reden die Leute? Maria entzieht sich ihrem Umfeld, sie geht zu einer Verwandten.

Und in dieser Situation singt sie, und noch dazu ein Loblied.

Wäre es nicht naheliegender gewesen, zu klagen, zu jammern, verzweifelt zu sein? Vielleicht zu weinen und zu schreien?

Was liegt Ihnen nahe, wenn Sie unter Druck geraten und die Situation wenig Aussicht zeigt?

Maria singt ihr Loblied in einem bestimmten Moment, denn ihre Verwandte ist eine alte kinderlose Frau. Doch auch diese ist schwanger und dem Getratsche ausgesetzt. Im Unterschied zu Maria ist sie zwar verheiratet. Jedoch so lange kinderlos und jetzt noch ein Kind? Ob das man wohl alles seine Richtigkeit hat?

Vielleicht ist für uns heute bei allen Möglichkeiten, ungewollter Kinderlosigkeit abzuhelfen, nicht unbedingt nachvollziehbar, unter welchen Druck Frauen gerieten, die ungewollt kinderlos blieben. Das war eine Schmach und schwer zu tragen, ähnlich wie ohne Vater ein Kind zu bekommen.

Doch zusammen geht ihnen etwas auf: Ihre Situation hat mit Gott zu tun. Wenn auch das Umfeld wenig jubelnd oder wenig verständnisvoll reagiert, spüren sie in ihren Schwangerschaften göttliche Gegenwart. Gottes Kinder wachsen da.
Es sind Gotteskinder, die heute in unsere Welt kommen, auch wenn sie behindert sind und eine Abtreibung deswegen vorgeschlagen wird.
Gott sagt ja zu ihnen, zu ihrem Schicksal, zu ihrem Ergehen. Für Gott sind sie wichtig.
Das bewirkt, dass Maria singen kann.
Und sie singt von Aufruhr und Aufstand, Umwälzung der Verhältnisse. Alles wird umgedreht.
Sie macht Gott groß, groß gegen ihre Angst und Sorge: wie wird das werden? Was wird Josef sagen? Was werden ihre Eltern sagen? Wie soll sie das schaffen?

Zukunftsängste, Verlassenheitsängste und Überforderungsängste, die sind da! Doch Maria lässt sie nicht groß werden. Meine Seele erhebt den Herrn!
Ein Kind, ein halbes Kind ja noch, das im Dunkeln pfeift? Eine Selbsteinrede?
Oder das, was die Wüstenväter die Methode der biblischen Gegenworte nannten?
Evagrius empfiehlt, gegen jeden Gedanken, der uns krankmachen möchte, der uns abhält von der Freiheit, von der Liebe, vom Leben ein

Wort aus der Bibel und setzt es dagegen. Oder er empfiehlt den Mönchen zu singen wie König David. „Was betrübst du dich, meine Seele, und bist so unruhig in mir? Harre auf Gott; denn ich werde ihm noch danken, dass er meines Angesichts Hilfe und mein Gott ist" (Psalm 42,12)

Angst und Überforderung können uns Menschen krank machen. Maria lässt ihre Ängste nicht groß werden, sie singt! Yehudi Menuhin sagt: „Wenn einer aus seiner Seele singt, heilt er zugleich seine innere Welt. Wenn alle aus ihren Seelen singen, heilen sie die äußere Welt".

Und wenn das Singen müde wird? Wenn die Negativeinrede zu stark wird?

Wenn sie sich nur noch anhört wie das „Eiapopeia vom Himmel", weil doch Mächtige Macht haben und der vollständige Umsturz nicht da ist?

Dazu hat Paul McCartney ein Lied mit dem Titel: „Ist es wirklich schon 20 Jahre her" geschrieben:

„Was hat sich verändert
Die Themen wohl nicht

Wir wollten

Schluss mit Apartheid
Friede auf Erden
Verständnis und Liebe

Und jetzt
Was haben wir gelernt?

Veränderung geht langsam
Doch sie
passiert!!!

   Kämpft weiter

Bewahrt Euren Glauben
   und betet
Das wir bessere Nachrichten vermelden
   können
Heute in zwanzig Jahren".

Bewahrt Euren Glauben und betet und singt!
Es hat nicht viel Sinn, die alten Lieder abzutun und stattdessen neue Lieder zu singen, wie Heinrich Heine vorgeschlagen hat:
„Ein neues Lied, ein besseres Lied,
o Freunde, will ich Euch dichten!
Wir wollen hier auf Erden schon
das Himmelreich errichten".
Die alten Lieder haben immer noch Kraft! Eine Kraft, die zu heilen vermag!

Von solchen Umwälzungen der Verhältnisse sang schon Maria. Sie jedoch wählte kein neues Lied, sondern ein altes Lied.
Sie bekennt Gottes Macht, das Recht einer Macht, die im Verborgenen anfängt die Welt zu verändern. Bei einer jungen Frau, die - ungewollt schwanger - plötzlich weiß, dass sie ein Gotteskind trägt und gegen die Ängste singt.

Singen macht das Herz weit. Im Singen erfahren wir unseren Resonanzraum.

Mögen die Lieder, die wir heute singen, unsere Ängste kleiner und Gott groß machen und uns und unseren Leib erfüllen mit Freude.   Amen

---

Dieser Predigt wurde am 4. Advent 2008 in der Immanuelkirche zu Köln-Longerich gehalten. Für den als Singegottesdienst angekündigten Gottesdienst hatten die Gemeindeglieder die Lieder ausgesucht, seit dem ersten Advent konnten sie dafür aus einer Reihe von Liedern des Evangelischen Gesangbuches auswählen, die sechs Lieder mit den meisten Stimmen wurden im Gottesdienst dann gesungen.
Den Hinweis auf Evagrius habe ich entnommen aus: Anselm Grün, Der Himmel beginnt in Dir, Freiburg im Breisgau[10]2006, S. 87. Das Zitat von YehudiMenuhim stammt aus: Zur Bedeutung des Singens, www.il-canto-del-mondo.de/fileadmin/docs/Yehudi_Menuhin-Zur_Bedeutung_Des_Singens.pdf, zuletzt aufgerufen am 08.08.14. Das Lied von Paul McCartney ist zu finden in: Gedichte und Songs 1965 bis 1999, herausgegeben und mit einer Einleitung von Adrian Mitchell, aus dem englischen von Kristian Lutze und Werner Schmitz, Köln, 2001, S. 163. Heinrich Heine, Werke und Briefe in zehn Bänden, herausgegeben von Hans Kaufmann, Berlin, Band 1, [3]1980, S. 43.

Loblied eines Vaters
Lukas 1,67-80

Und sein Vater Zacharias wurde vom Heiligen Geist erfüllt, weissagte und sprach:
Gelobt sei der Herr, der Gott Israels!
   Denn er hat besucht und erlöst sein Volk
 und hat uns aufgerichtet eine Macht des Heils
   im Hause seines Dieners David
– wie er vorzeiten geredet hat
   durch den Mund seiner heiligen Propheten –,
dass er uns errettete von unsern Feinden
  und aus der Hand aller, die uns hassen,
und Barmherzigkeit erzeigte unsern Vätern
   und gedächte an seinen heiligen Bund
und an den Eid, den er geschworen hat unserm Vater Abraham,
  uns zu geben, dass wir, erlöst aus der Hand unsrer Feinde,
ihm dienten ohne Furcht unser Leben lang
   in Heiligkeit und Gerechtigkeit vor seinen Augen.
Und du, Kindlein, wirst ein Prophet des Höchsten heißen.
  Denn du wirst dem Herrn vorangehen, dass du seinen Weg bereitest
und Erkenntnis des Heils gebest seinem Volk
   in der Vergebung ihrer Sünden,
durch die herzliche Barmherzigkeit unseres Gottes,
   durch die uns besuchen wird das aufgehende Licht aus
  der Höhe,

damit es erscheine denen, die sitzen in Finsternis und Schatten des Todes,

und richte unsere Füße auf den Weg des Friedens.

Was ist das für ein Kind, dass der Vater über seine Geburt so ein Loblied anstimmt?

Dass Väter glücklich sind über die Geburt ihrer Kinder ist ja nicht ungewöhnlich. Ein Nachbar erzählte mal, wie ihm ein frischgebackener Vater über die Straße hinweg zujubelte: Es ist ein Junge!! Seine Freude rief er sozusagen allen Menschen zu, die er traf.

Kinder machen das Leben hell.

Dieser Vater singt und jubelt doch über etwas anderes, das er in seinem Kind sieht: Es wird ein Prophet des Höchsten heißen

Eltern haben Träume für ihre Kinder und deren Leben.

Sie versprechen sich etwas von ihren Kindern: sie sollen später mal gut für uns sorgen. Sie sollen es mal besser haben. Sie sollen was werden im Leben. Sie sollen leistungsfähig sein und auf eigenen Füßen stehen können. Sie sollen ihre Talente ausbauen. Wir Eltern möchten stolz auf sie sein können.

Ihr kennt das wahrscheinlich und in Eurem Alter sind solche Erwartungen wohl auch manchmal Anlass zur Auseinandersetzung.

Denn zu erkennen, dass ich ein eigener Mensch bin, dass bringt mich in Widerspruch zu den Erwartungen anderer.

Manchmal geschieht so etwas auch unausgesprochen:

Erwartungen sind da, werden gefühlt, obwohl sie nicht ausgesprochen werden. Auf der anderen Seite ist dann womöglich die unbewusste Neigung vorhanden, Erwartungen entsprechen zu wollen, auch wenn sie nicht zu mir passen. Mein Lebensweg stellt sich mir anders dar als die Wünsche meiner Eltern.

Nicht nur in Zeiten der Pubertät kann es geschehen, dass ich den Erwartungen anderer an mich widersprechen möchte.

Die Frage, wer wo die alten Eltern pflegt, ist unter Umständen von Seiten der Eltern mit Erwartungen verknüpft, die Kinder nicht erfüllen können oder wollen.

Oder Großeltern sind sehr unglücklich über das Abitur des Enkels, weil der erreichte Schnitt sehr viel besser hätte ausfallen können. Und der Enkel ist mit den Erwartungen die er an sich hatte und seinem Ergebnis durchaus zufrieden und sieht auch seinen Berufswunsch nicht in Gefahr. Die Großeltern hatten andere Hoffnungen, andere Erwartungen.

Ist Eltern eigentlich klar woher ihre Erwartungen kommen? Teilweise sitzen diese nämlich im Unbewussten so dass sie uns nicht notwendig zur Verfügung stehen.

Zacharias hatte Erwartungen an seinen Sohn und er war sich dieser Erwartung bewusst.

Er wusste auch, woher sie kam. Sie waren ihm eingepflanzt von Gottes Verheißung.

„Denn er wird groß sein vor dem Herrn, und Wein und starkes Getränk wird er nicht trinken und mit dem Heiligen Geist erfüllt werden schon von Mutterleib an (Lukas 1,15).

Zacharias beruft sich nicht auf eigene Wünsche. Er beruft sich darauf, dass dieses Kind, wie jedes Kind einen Lebensauftrag von Gott hat. Ob er wohl einverstanden war mit diesem Lebensauftrag? Es bedeutete ja: Asket werden.

Zacharias kannte Schicksal und Leben der Heiligen Propheten und er wusste: auch ein Prophet des Höchsten ist kein VIP, keine Bundeskanzlerin, kein Staatsanwalt ... oder welche Karrierewünsche Eltern auch immer für ihre Kinder hegen mögen.

Johannes, so heißt dies Kind, wird erfolgreich und stirbt eines gewaltsamen Todes.

Die Eltern sagen ja zu diesem Kind, das mitnichten ein bürgerliches Leben führen wird.

Sind sie froh, um jeden Preis ein Kind zu haben? Beide waren alt, sehr alt, eine Schwangerschaft schien nicht mehr realisierbar. Dies Kind ist ein Geschenk von Gott.

Heute wenden sich Menschen an die Reproduktionsmedizin, wenn sie ein Kind bekommen wollen und auf natürlichem Wege nicht bekommen können. Ein Kind um jeden Preis?

Der Auftrag dieses Kindes ist:

Dem Herrn voranzugehen, den Weg bereiten und Erkenntnis des Heils zu geben.

Das alles ist Auftrag dieses Kindes, das alles wird es tun durch die herzliche Barmherzigkeit unseres Gottes.

Das klingt in unseren heutigen Ohren vielleicht mindestens ambivalent. Einerseits ist der Weg klar und Johannes hat einen klaren Auftrag, der ihn hervorhebt aus der Menge.

Andererseits ist auch klar, dass dieser Weg in Konflikte führt. Da, wo Menschen ihren von Gott bestimmten Weg erkennen oder psychologisch gesprochen: den Weg der Selbstwerdung gehen, da setzen sie sich auch Konflikten aus.

Zacharias und Elisabeth sagen ja zu diesem Weg ihres Kindes, weil es Gottes Weg ist und weil sie zu Gott ja sagen und seine Handschrift in ihrem eigenen Leben kennen.
Deshalb können sie ihr Kind in die Hand Gottes hinein loslassen und fröhlich singen. Amen

Diese Predigt wurde am 7. Dezember 2006 im Heilig Geist-Krankenhaus gehalten. In diesem Gottesdienst waren mehrere Konfirmandinnen und Konfirmanden anwesend.

Freut euch ihr Armen (Nikolaus)
aus Lukas 6 nach Irmgard Weth

Einmal stieg Jesus auf einen Berg, um dort zu beten.
Als es aber Morgen wurde, ging er mit seinen Jüngern hinunter ins Tal.
Dort wartete schon eine große Menschenmenge auf ihn. Als sie ihn sahen, liefen sie ihm entgegen, streckten die Hände nach ihm aus und riefen: „Jesus, hilf uns!" „Erzähl uns von Gott!"
Da wandte sich Jesus an alle, die sich um ihn geschart hatten.
Und laut rief er über die Menge hinweg:
„Freut euch, ihr Armen! Denn ihr gehört zu Gott.
Freut Euch, ihre Hungrigen! Denn ihr sollt satt werden.
Freut euch ihr Weinenden! Denn ihr werdet lachen.
Freut euch, auch wenn euch die Menschen hassen!
Freut euch dennoch und jubelt vor Freude!
Denn der Vater im Himmel gibt euch, was euch fehlt.
Er wird euch über Erwarten beschenken."

„Hört, was ich euch sage:
Liebt eure Feinde!
Tut denen Gutes, die euch hassen!
Segnet die, die euch verfluchen!
Und bittet für die, die euch beleidigen!
Dann werdet ihr Gottes Kinder sein.
Und seid barmherzig, wie auch euer Vater im Himmel
Barmherzig ist!"
Nachdenklich gingen die Leute davon.

Es war ihnen, als hätte in dieser Stunde Gott selbst zu ihnen gesprochen.

Was für eine Verwirrung ist das hier! Der Esel will der Nikolaus sein! Und was passiert?
Er stolpert! Er findet sich nicht zurecht. Er ist hilflos gegenüber den Tieren des Waldes, die die guten Sachen fressen. Am Ende scheitert er an einer Aufgabe die nicht seine ist - und der Nikolaus? Der Nikolaus muss eine Nachtschicht einlegen.

Dabei ist das doch sehr verständlich, was Nuck, der Esel will. „Will auch" sagen Kinder oder „Will selber" „Will auch lange aufbleiben" „Will selber die Kerze anzünden" „Will auch auf den Baum klettern" (Wahrscheinlich fallen Euch und Ihnen noch mehr Beispiele ein)
Die Antwort heißt oft: „Nein, das darfst Du nicht.
Es könnte ja etwas schiefgehen. Du könntest Dir die Finger verbrennen".
Oder: „Du könntest nicht mehr vom Baum herunterkommen". Oder: „Du bist am nächsten Tag völlig verknatscht wenn du heute lange aufbleibst oder völlig durch den Wind".
Und vielleicht hört ihr auch noch: „Jetzt nicht, aber wenn du größer bist".
Da kann sich also noch was ändern.

Der Esel jedoch ist kein Kind mehr und wird nicht mehr wachsen. Trotzdem gibt es Sachen, die er will und doch nicht kann. Wie finden Erwachsenen wohl Frieden in solchen Situationen? Wie finden wir

Frieden mit unseren geschöpflichen Grenzen? „Euer Vater gibt euch, was ihr braucht", sagt Jesus in seinen Glücklichpreisungen.

Menschen, die sich nicht zufrieden geben wollen oder können mit ihrer beruflichen Stellung, ihrem Schicksal, ihrer Lebensaufgabe, die versuchen manchmal, ähnlich wie der Nuck, nach etwas anderem zu greifen und lernen unter Umständen ähnlich, dass sie dadurch nicht recht zufrieden werden. Verwirrung und Unfrieden sind die Ernte.

„Euer Vater gibt Euch, was ihr braucht". Wer darauf vertraut und geduldig wartet, braucht sich keine fremden Mantel anzuziehen brauch sich nicht – wie der Nuck – verleiten lassen.

Der heilige Nikolaus war so einer, der sich nicht verleiten ließ. Als er zum Bischof gewählt wurde war er der Legende nach sogar sehr erschrocken. Er will Jesus Christus dienen und wie Christus den Armen helfen. Zum Beten kam er frühmorgens in eine Kirche. Da warten bereits viele Menschen auf ihn, um ihn zum Bischof zu wählen weil der vorige verstorben ist.

„Du dienst Jesus, wenn du Bischof wirst", sagt ihm eine Stimme. Nikolaus begreift, dass er die Macht des Amtes, also Bestimmer zu sein, nicht für sich selbst bekommt, sondern um ein Diener Jesus zu bleiben. Nicht, was er will, darf er tun, sondern er muss tun, was Jesus will. Das zeigt sich dann auch in seiner Amtsführung. Keine Verwirrung, keine Unglücke – im Gegenteil. „Nikolaus hilft den Menschen in der Not, immer, wenn es ihnen am schlechtesten geht." so erzählen sich die Menschen. Der Nikolaus braucht das Amt des Bischofs nicht um zufrieden zu sein.

Anders Nuck. Hier war keine Zufriedenheit. Deshalb schlüpft er in den Nikolausmantel.

Doch nach seinem Scheitern ist er mit seiner Aufgabe zufrieden. Er trägt zwar den Sack, jedoch nicht den Nikolausmantel. So behält er klare Sicht.

Wie finden Menschen solchen Frieden? Indem sie sich beschenken lassen! Eurer Vater gibt euch, was ihr braucht! Indem sie die Herzenstür öffnen und Gott einlassen und sich beschenken lassen. Seht, die gute Zeit ist nah! Amen

---

Diese Predigt wurde am 2. Advent 2012 in Leverkusen Manfort gehalten. In dem Familiengottesdienst gestalteten die Kinder der Kindertagesstätte ein Anspiel auf der Grundlage des Bilderbuches: Nikolaus und der dumme Nuck, eine Geschichte von Luise von der Crone, mit Bildern von Adelheid Schait, Zürich 2008. Nuck ist der Esel des Nikolaus und möchte gern selbst einmal die strahlenden Augen der Kinder sehen, wenn sie beschenkt werden und nicht immer nur draußen warten. Der Fuchs überredet ihn, mit Nikolaussack und Mantel allein loszuziehen. Leider geht dies schief. Die Lesung des Textes erfolgte nach: Irmgard Weth, Neukirchener Kinder-Bibel, mit Bildern von Kees de Kort, Neukirchen-Vluyn [17]2011. Das Lied von Friedrich Walz, Seht, die gute Zeit ist nah, steht im Evangelischen Kirchengesangbuch (EG 18).

Ungewöhnliche Vorbereitungen
Lukas 19,1-10

Und er ging nach Jericho hinein und zog hindurch. Und siehe, da war ein Mann mit Namen Zachäus, der war ein Oberer der Zöllner und war reich. Und er gegehrte, Jesus zu sehen, wer er wäre, und konnte es nicht wegen der Menge; denn er war klein von Gestalt. Und er lief voraus und stieg auf einen Maulbeerbaum, um ihn zu sehen; denn dort sollte er durchkommen. Und als Jesus an die Stelle kam, sah er auf und sprach zu ihm: Zachäus, steig eilend herunter; denn ich muss heute in deinem Haus einkehren. Und er stieg eilend herunter und nahm ihn auf mit Freuden. Als sie das sahen, murrten sie alle und sprachen: Bei einem Sünder ist er eingekehrt. Zachäus aber trat vor den Herrn und sprach: Siehe, Herr, die Hälfte von meinem Besitz gebe ich den Armen und wenn ich jemanden betrogen habe, so gebe ich es vierfach zurück. Jesus aber sprach zu ihm: Heute ist diesem Hause Heil widerfahren, denn auch er ist Abrahams Sohn. Denn der Menschensohn ist gekommen, zu suchen und selig zu machen, was verloren ist.

Warten ist manchmal ganz schön schwer. Warten auf Weihnachten, zum Beispiel. Wenn es nur schon vorbei wäre. Diese Warterei!

Manche Leute sagen: Ich erlebe diese Zeit im Advent gar nicht als Wartezeit, eher als große Hektik, ein riesiger Einkaufsrummel, stressig ist das, soviel Arbeit im Einzelhandel wie sonst nicht im Jahr. Ich bin viel zu erschöpft, um mich auf Weihnachten zu freuen.

Mütter und Familienfrauen haben Tausende von Besorgungen zu machen, da sind zahlreiche Verwandte zu bedenken mit Geschenken oder Weihnachtgrüßen und für eine ruhige Zeit im Advent besteht keine Lust mehr, auch sie erschöpft.

Andere wiederum sind einsam in der Zeit und traurig, sie fürchten sich vor Weihnachten. Seit der Partner oder die Partnerin tot ist, weckt das Fest eher schmerzliche Erinnerungen. Sie sind allein. Den Kindern wollen sie nicht zur Last fallen.

Je nachdem, ob ich mich über Weihnachten freuen kann oder nicht, werde ich mich auch über die Adventszeit freuen können oder nicht.
Wenn Weihnachten mich traurig macht, werden die Tage davor schwer wie Blei. Wenn mich die Frage umtreibt, ob ich alles fertig bekomme, dann sind die Tage vorher viel zu kurz.
Wenn Weihnachten jedoch als große Freude erwartet wird, dann ist der Advent eine fröhlich gespannte Zeit, ich bin kribbelig und zähle die Tage. Das Lied, das wir jetzt singen, zählt auch die Tage, nämlich die Adventssonntage (Wir sagen euch an den lieben Advent).

Ich möchte Euch und Ihnen von einem erzählen, der traf ganz eigentümliche Vorbereitungen für Weihnachten.

Bild 1 Zachäus heißt er. Er der verhasste Zolleinnehmer, der gut in die eigene Tasche zu wirtschaften verstand, der steigt auf einen Baum. Er arbeitete für die Römer. Deshalb hatte er keine Freunde. Und weil er

keine Freunde hatte, deshalb nahm er mehr Geld ein, als er den Römern geben musste. Er machte also den Zoll ein bisschen teurer, damit er selbst mehr verdiente. Doch wiewohl er nun viel Geld hatte, war er nicht zufrieden.
Dort wartet er auf Jesus. Hätte er wie die andern gewartet, er hätte Jesus nie zu Gesicht bekommen. Viel zu klein, wie er war.

Bild 3 Eines Tages hört er davon, dass Jesus in der Stadt ist. Von dem hat er schon viel gehört. Den möchte er gerne sehen. Doch die Leute lassen ihn nicht durch. Sie haben ihn gehasst. Der! Der braucht Jesus nicht zu sehen kriegen. Hat der doch gar nicht verdient, so wie er andern das Geld aus der Tasche zog. Aber Zachäus hat gehört, was sich die Leute von Jesus erzählen und er will ihn unbedingt sehen. Koste es, was es wolle.

Bild 4 So sucht er sich einen passenden Baum und klettert hinauf. Stellen Sie sich vor, eine Person öffentlichen Ansehen täte das, dann haben Sie eine Vorstellung davon, wie sehr er aus der Rolle fiel. Der Herr Zolldirektor auf dem Baum! Wer soll da noch Respekt haben?

Bild 5 Dem Zachäus scheint das nicht wichtig zu sein. Hauptsache, er sieht Jesus und hier, von seiner höheren Warte aus hat er den besten Überblick. Da muss er doch Jesus sehen.

Bild 6 Und es zeigt sich: seine eigentümlichen Vorbereitungen sind haargenau die Richtigen gewesen. Er sieht nicht nur Jesus, er wird auch von Jesus gesehen. Jesus will zu ihm kommen, will ihn besuchen.

Bild 8 So wird bei Zachäus Weihnachten. Gott kommt zu ihm auf Besuch und Zachäus wird froh.

Bild 12 Er freut sich, dass er einen Freund hat. Deshalb braucht er nicht mehr so viel Geld als Ersatz für Freunde. Er teilt aus, braucht seinen Besitz nicht festhalten. Er kann verschenken, was er hat. Sein Warten hat sich gelohnt. Bei ihm ist Weihnachten geworden.

Die Kinder, die ja auch sehr auf Weihnachten warten, können hier vorne jetzt malen und zwar ein Bild mit der Unterschrift: „Ich warte auch".
Den Erwachsenen möchte ich noch gern etwas zum Warten erzählen.

Unsere Adventszeit ist voll von Vorbereitungen. Führen unsere Vorbereitungen dazu, dass am Ende bzw. an Weihnachten eine große Freude steht und nicht eine große Erschöpfung oder eine große Traurigkeit.?

Vielleicht mögen Sie's in diesem Jahr mal mit ähnlich eigentümlichen Vorbereitungen probieren wie Zachäus. Suchen wir uns doch eine andere Warteposition, ein mit mehr Überblick:
Dann sehen wir Weihnachten vielleicht nicht mehr als Fest nur für Kinder, sondern als ein Fest, an dem Gott zu mir kommen will.
Nicht mehr: ohne meine Kinder lohnt sich Weihnachten nicht, da stelle ich keinen Baum auf und lasse die Krippe eingepackt, weil ich doch nur wehmütig werde.

Sondern vielleicht so: Ich will mir diese Dinge ruhig aufstellen, sie sollen mich erinnern an die Zeiten, in denen ich mit meinen Kinder, mit meiner

Partnerin oder meinem Partner noch Weihnachten zusammen feiern konnte. Und ich will dankbar zurückblicken, dass Gott mir solche Zeiten geschenkt hat. So kann diese Wartezeit Zeit werden für Gott, Zeit zum Dank an Gott. Oder Möglichkeit neuer Gestaltung, mit welchen Symbolen, mit welchen Menschen Was hilft mir, mich auf Gott zu freuen in dieser Zeit?

Eine andere unübliche Vorbereitung wäre es, wenn Sie wie Zachäus alles stehen und liegenlassen, was an alltäglichen wichtigen Dingen Ihre Aufmerksamkeit fordert. Wenn Sie sich Zeit nehmen, auf Gott zu warten und Geschichten lesen und miteinander erzählen, die von ihm berichten. Oder wenn Sie das große Familienfest ausfallen lassen und den Erwartungen Ihrer Familie nicht entsprechen, damit Sie Weihnachten nicht abgehetzt und mit hängender Zunge im Sessel hängen, sondern sich freuen können über das, was da gefeiert wird: dass Gott zu uns Menschen kommt.

Fangen Sie doch heute schon damit an und überlegen Sie: Wie könnte es für mich aussehen, auf Jesus zu warten?
Welchen Platz, welche Warte will ich mir im Advent 1990 suchen? Wie will ich Gott begegnen? Wo ist er mir schon mal begegnet?
Gelegenheiten schaffen für Gott, das können wir Menschen beispielsweise da, wo wir Zeit zur Muße suchen. So wir Situationen schaffen, die uns öffnen für neue Gedankenanstöße. Besondere Situationen wahrnehmen, in denen ich ansprechbar und hellhörig bin, beispielsweise bei einem Spaziergang, beim Hören von Musik, bei einem Gang in eine Kirche oder Kapelle, beim Lesen eines Wortes aus der Bibel.

Vielleicht bekommen Sie ganz neue Ideen, diese Wartezeit zu gestalten und zu erleben. Amen

Diese Erzählung und Predigt wurde am 1. Advent 1990 als Familiengottesdienst zum Thema Warten gehalten. Vorbereitet wurde der Gottesdienst zusammen mit den Mitarbeiterinnen des Kindergottesdienstes. Um allen Generationen die Möglichkeit zum Verstehen der biblischen Geschichte zu geben, wurde wie anhand der Diaserie von Kees de Kort, Zachäus, Deutsche Bibelgesellschaft 1987, 12 Farbdias mit Erzählheft zu den Bilderbüchern „Was uns die Bibel erzählt". Der Bibeltext ist dieser Predigt beigefügt, weil sich der vorliegende Predigtband eher an Erwachsene richtet. Im Gottesdienst ist er nicht verlesen worden, sondern kam durch die Erzählung zur Sprache. Nach der Erzählung haben die Kinder unter der Anleitung der Kindergottesdienstmitarbeiterinnen Bilder zum Thema „Ich warte auch" gemalt und diese anschließend in einen Strauch als „Bild" für den Baum gehängt, um sich so selber in die Geschichte einbringen und Zachäus als Wartendem Gesellschaft leisten zu können. Das Lied von Maria Ferschl, Wir sagen Euch an den lieben Advent, steht im Evangelischen Kirchengesangbuch (EG 17).

Im Zwielicht des kommenden Tages
Römerbrief 13,8-14

Seid niemandem etwas schuldig, außer dass ihr euch untereinander liebt; denn wer den andern liebt, der hat das Gesetz erfüllt. Denn was da gesagt ist (2.Mose 20,13-17): „Du sollst nicht ehebrechen; du sollst nicht töten; du sollst nicht stehlen; du sollst nicht begehren", und was da sonst an Geboten ist, das wird in diesem Wort zusammengefasst (3.Mose 19,18): „Du sollst deinen Nächsten lieben wie dich selbst." Die Liebe tut dem Nächsten nichts Böses. So ist nun die Liebe des Gesetzes Erfüllung.

Und das tut, weil ihr die Zeit erkennt, nämlich dass die Stunde da ist, aufzustehen vom Schlaf, denn unser Heil ist jetzt näher als zu der Zeit, da wir gläubig wurden. Die Nacht ist vorgerückt, der Tag aber nahe herbeigekommen. So lasst uns ablegen die Werke der Finsternis und anlegen die Waffen des Lichts. Lasst uns ehrbar leben wie am Tage, nicht in Fressen und Saufen, nicht in Unzucht und Ausschweifung, nicht in Hader und Eifersucht; sondern zieht an den Herrn Jesus Christus und sorgt für den Leib nicht so, dass ihr den Begierden verfallt.

Im Zwielicht des kommenden Tages sind die Dinge noch nicht klar zu erkennen.

Noch recht farblos erscheint alles, schemenhaft.

Dafür lässt sich umso besser hören, beispielsweise der Gesang der Vögel, die vor Sonnenaufgang zu singen beginnen. Selbst in der Stadt sind sie gut zu hören, vielleicht auch, weil der Verkehr noch nicht so laut ist? Und im Hause haben die Wecker noch nicht geklingelt. Kein Radio läuft im Zwielicht des kommenden Tages. Die Nachtschwester, die vielleicht gerade um diese Zeit nach Ihnen schaut, wird versuchen, Sie durch die pflegerischen Tätigkeiten nicht zu wecken.

„Blackbird singing in the Dead of Night", so beobachtet und singt es Paul McCartney.
Das Lied der Amsel erklingt in tiefster Nacht und kündet das Ende der Nacht.
Paul McCartney singt der Amsel eine Aufforderung zu: „Spreiz die lahmen Flügel und flieg los. Schlag diese blinden Augen auf und lerne sehen. Flieg in das Licht der pechschwarzen Nacht, immer schon hast Du doch allein von diesem Augenblick geträumt"

In der Mitte der Nacht liegt der Anfang eines neuen Tages, eines neuen Lebens, einer neuen Beweglichkeit und einer neuen Wahrnehmungsfähigkeit.
Darum, sagt Paulus, ist nun Zeit, aufzustehen vom Schlaf denn unser Heil ist jetzt näher als zu der Zeit als wir gläubig und getauft wurden. Paulus erinnert daran, welche Haltung gläubige Menschen einnehmen: eine Haltung der Liebe. Und in dieser Haltung begrüßen sie den neuen Tag.

Der Tag unseres Heilwerdens ist nahe herbeigerückt. Vermutlich erwarten auch Sie von jedem neuen Tag, den Sie im Krankenhaus aufwachen dass Sie heil werden dass Ihr Gesundheitszustand sich gebessert haben möge. Und wenn Sie das Dunkel der Nacht hinter sich lassen, so lassen Sie vielleicht auch einige Ängste und Sorgen hinter sich, grübelndes Wachsein und schwierige Träume.

Paulus singt nicht, er schreibt Briefe. Doch indem, was er schreibt, tut er es der Amsel gleich. Seine Briefe, seine Verkündigung erklingen in tiefer Nacht. Die Gemeinde ist flügellahm und nicht sehend und wartend.

Sie wartet, wartet auf Gott wie die Amsel auf den Augenblick, in dem sie losfliegt, auf den sie schon immer gewartet hat.

Und Paulus sagt ihr und uns: Der Augenblick ist da: Gott kommt und ihr Menschen werdet frei sein. Die Lasten, die Euch drücken, werden ein Ende haben. Ihre Zeit hier im Krankenhaus wird ein Ende haben. Die Sorgen und Ängste, das Grübeln und Alpträumen, es wird ein Ende haben.

Die Finsternis in der Natur, in unsern Lebensgeschichten und in unseren Seelen werden ein Ende haben und wir werden kommen in jene Herrlichkeit, die von der Kraft Gottes erfüllt ist. Dann werden wir auch erfüllt sein von dieser Macht und wir werden frei sein! Diese Kraft will in uns eine Haltung der Liebe wecken. Wir werden frei sein zu einer Haltung der Liebe, die Gottes Kraft in uns wecken will. Noch ist es nicht ganz hell, noch liegt das Zwielicht des kommenden Tages über unserer Wahrnehmung und doch kündet sich der Tag an, an dem Gott kommt.

Amen

Diese Predigt wurde am 03. Dezember 2009 im Heilig Geist-Krankenhaus in Köln-Longerich gehalten. Das Lied von Paul McCartney ist zu finden in: Gedichte und Songs 1965 bis 1999, herausgegeben und mit einer Einleitung von Adrian Mitchell, aus dem englischen von Kristian Lutze und Werner Schmitz, Köln, 2001, S. 9.

Freiwerden von Beurteilungen
Erster Korintherbrief 4,1-5

Dafür halte uns jedermann: für Diener Christi und Haushalter über Gottes Geheimnisse. Nun fordert man nicht mehr von den Haushaltern, als dass sie für treu befunden werden. Mir aber ist's ein Geringes, dass ich von euch gerichtet werde oder von einem menschlichen Gericht; auch richte ich mich selbst nicht. Ich bin mir zwar nichts bewusst, aber darin bin ich nicht gerechtfertigt; der Herr ist's aber, der mich richtet. Darum richtet nicht vor der Zeit, bis der Herr kommt, der auch ans Licht bringen wird, was im Finstern verborgen ist, und wird das Trachten der Herzen offenbar machen. Dann wird einem jeden von Gott sein Lob zuteil werden.

Dieser Text scheint so merkwürdig für den Advent. Wir sind gestimmt auf ein Erwarten, im christlichen Sinn auf das Kommen Gottes.
Paulus dagegen spricht vom Richten und Urteilen. So scheint der Schwerpunkt des Textes zu sein. Noch dazu setzt er sich auseinander mit den Gemeindegliedern in Korinth, was hat das mit Advent zu tun? Und: was hat das mit uns zu tun?

In der Tat ist da ein Konflikt. Paulus Art zu predigen und zu arbeiten, steht im Kreuzfeuer der Kritik. Paulus sei so wenig enthusiastisch, zu nüchtern, zu kontrolliert. Hat er überhaupt den Geist Gottes?
Menschen sehen was vor Augen ist und ziehen schnelle Schlüsse.

Paulus setzt sich zur Wehr.

Menschen sind immer wieder Beurteilungen ausgesetzt. Die Noten in der Schule, Empfehlungen für die weiterführende Schule, später dann berufliche Abschlüsse, Examina, Arbeitszeugnisse.

Wir haben allemal konkrete Erfahrungen von Beurteilungen und Verurteilungen, von Festlegungen: da gilt jemand als faul oder fleißig, als Klassenclown oder Klassenstütze ... .

Einerseits brauchen wir dies auch, um unser Verhalten und unsere Leistungen einordnen zu können. Um Begabungen zu erkennen.

Was ist nötig, um Krankenschwester zu werden, Bauingenieur oder Mathematikerin, Informatikerin? Malermeisterin, Techniker? Frisör?

Berufe erwarten bestimmte Fähigkeiten und Begabungen.

So brauchen wir den Spiegel, das Feedback, wie es in Supervisionszusammenhängen heute heißt. Ein Feedback, eine Rückmeldung auf mein Verhalten oder meine derzeitigen Fähigkeiten sagt mir, wie ich oder etwas, was ich tue, wirkt oder was es beim Gegenüber auslöst. Es sagt mir nicht, wie ich bin. Und das ist auch nicht der Sinn der Übung. Wiewohl manche Menschen hinsichtlich ihrer Rückmeldungen nicht unbedingt unterscheiden zwischen Wirken und Sein. Doch da ist ein sehr feiner Unterschied: Ein Feedback ist ein Angebot, über die eigene Wirkung, über die eigenen Fähigkeiten nachzudenken, es ist keine Festlegung der Fähigkeiten, bzw. der Person.

Andererseits: Wie oft legen wir andere fest oder lassen uns festlegen! Doch dabei haben Rückmeldungen auf unser Tun und Wirken auch immer mit dem Bild zu tun, dass sich andere von uns machen. Auch mit dem Bild, das ich mir von anderen mache. Ein Teil der Rückmeldung sagt mir also auch, ob ich dem Bild entspreche, dass andere sich von mir gemacht haben.

Grobgeschnitzte Bilder entstehen da manchmal: wer zurückhaltend ist, ist dem andern nicht lebhaft genug.

In Korinth gab es ein Bild davon, wie sich die Geistbegabung von Christinnen und Christen zeigt: sie geraten leicht in Ekstase. Paulus dagegen bleibt nüchtern. Ist er also nicht richtig Christ? Unsere Wahrnehmung ist häufig von unsern Bildern beeinträchtigt, von unsern Wünschen und Projektionen. Welche Vorstellungen haben Lehrerinnen und Lehrer von weiterführenden Schulen, die sie bei ihren Empfehlungen für ein bestimmtes Kind leiten?

Welche Vorstellungen haben sie von einem Kind auf dem Gymnasium oder auf der Realschule, wenn sie Empfehlungen aussprechen?

Welches idealtypische Bild haben Menschen von einem Pfarrer, einer Pfarrerin, wenn sie Menschen für diesen Beruf vorschlagen oder abraten?

Signalisieren sie etwas über das Können und die Begabung, die dafür nötig ist oder mehr noch über ihr Bild von dieser Schulform oder einem bestimmten Beruf?

Paulus hält sich die Beurteilungen, die Urteile der andern auf Abstand.

Ron war ein sehr mäßiger Quidditchspieler. Als Torhüter ließ er ziemlich viele Bälle durch.

Er selbst war unsicher und wusste selber, dass er viele Bälle durch ließ. Seine älteren Brüder machten sich lustig. Doch niemand traute sich zu sagen, dass er sehr mäßig spielte. Freunde reagierten beklommen und Gegner mit offener Häme.

Unausgesprochene Urteile!

Sollte es nicht doch lieber ausgesprochen werden? Sollten seine Freunde es ihm nicht doch offen sagen, was sie von seinem Spiel hielten? Nach dem Motto: sei froh, dass wir dir das schlechte Feedback geben, andere trauen es sich nicht?

Oder sollte ihm jemand den Rücken stärken, so dass er Lästereien und Sticheleien abprallen lassen könnte?

Und dann gab es auch diese Situationen, in denen er nichts hörte und alles um sich herum vergaß - und die Tore hielt!

Wenn er sich die Sticheleien zu Herzen nahm und das Negativfeedback, dann verschlechterte sich sein Spiel, dann beeinflusste ihn die Sicht der andern zu sehr. Ist es wirklich ein Freundschaftsdienst, negative Beurteilungen auszusprechen? Manchmal vielleicht schon. Wenn jedoch Selbstzweifel da sind, ist wohl Stärkung eher sinnvoll.

Oder besser noch wie Paulus sagen: „Mir aber ist's ein Geringes, dass ich von euch gerichtet werde oder von einem menschlichen Gericht; auch richte ich mich selbst nicht." Das ist glatt Medizin gegen Selbstzweifel. Oder will sich Paulus jeder Kritik entziehen? „Nein, denkt nach, prüft meine Verkündigung", schreibt er ihnen. Er will sich nicht der Kritik entziehen, jedoch will er sich nicht abhängig machen von den Bildern der andern, wie ein Christ aufzutreten habe.

Es ist ihm scheinbar relativ egal, was andere von ihm denken, er erwartet jedoch hinsichtlich seiner Botschaft inhaltlich einen ehrlichen Diskurs.

Im Rahmen von Supervision gibt es eine Regel. Sie besteht aus zwei Sätzen, um Feedback entgegen zu nehmen: „Ich danke Dir für Deine Mitteilung, ich will sie bedenken. Ich bin nicht auf der Welt, um so zu sein, wie Du mich haben willst".

Es mag Paulus nicht völlig egal sein, wie andere über ihn denken, sonst würde er sich nicht auseinandersetzen. Aber er weiß: Ich bin nicht auf der Welt, um so zu sein, wie mich andere haben wollen. Ich bin auf der Welt, weil Gott mich gerufen hat.

Und dann ist die Leitfrage nicht, wie komme ich im Urteil anderer weg sondern was will Gott von mir? Von uns als Gemeinde? Von uns als Kirche?

Auch als Kirche sind wir in der Situation, dass wir Rückmeldungen aus dem gesellschaftlichen Umfeld erhalten.

Wie aktuell ist unsere Botschaft? Auf welche Hör- und Sehgewohnheiten treffen wir?

Haben wir eine Chance auf dem Markt des Religiösen?

Nein, haben wir nicht, wenn wir uns am Markt mit dem Inhalt unser Botschaft ausrichten.

Starke Persönlichkeiten wie Paulus, wie Luther, Hildegard von Bingen haben sich nicht an ihren Chancen auf dem Markt ausgerichtet, sondern an ihrem Auftrag. Kirche wird dann stark sein, unabhängig von Finanzen, wenn sie sich an Gottes kommen und Gottes Urteilen ausrichtet. Die Auseinandersetzung ist wichtig und doch bleibt festzuhalten an Gottes Auftrag. Den Auftrag kriegen wir nicht von der Welt, nicht von unseren Kunden!

Die Hoffnung auf ein endgültiges Urteil Gottes macht uns unabhängig von den vorläufigen Beurteilungen der Menschen.

Im Advent erwarten wir in Jesus Christus Gottes Kommen auf diese Erde zu uns und in unsere Herzen. Es kommt der, der uns kennt bis in die tiefsten Winkel unseres Herzens.

Es kommt der, dessen Ruf ins Leben wir unser Leben verdanken.

Es kommt der, der uns frei macht von den Urteilen anderer, von unseren eigenen Urteilen über uns. und der unsere Schattenseiten kennt und uns dennoch Lob zuteil werden lässt. Amen

---

Diese Predigt wurde am 3. Advent 2003 in der Immanuelkirche in Köln-Longerich gehalten. Die Geschichte von Ron ist aus der Harry-Potter-Saga entnommen: Joanne K. Rowling, Harry Potter und der Orden des Phönix, aus dem Englischen von Klaus Fritz, Hamburg 2003, S. 468ff, 802ff.

Singend verwandelt zu werden
Philipperbrief 4,4-7

Freuet euch in dem Herrn allewege, und abermals sage ich: Freuet euch! Eure Güte lasst kund sein allen Menschen! Der Herr ist nahe! Sorgt euch um nichts, sondern in allen Dingen lasst eure Bitten in Gebet und Flehen mit Danksagung vor Gott kundwerden! Und der Friede Gottes, der höher ist als alle Vernunft, bewahre eure Herzen und Sinne in Christus Jesus.

„Die ganze Arena verzaubert" so titelte am Donnerstag der Stadtanzeiger und schrieb die Ursache einem Konzert eines Musikers zu, der früher mit seiner Band das Publikum in Ausnahmezustände versetzte. Heute im Rentenalter verzaubert er die Menschen. Musik verzaubert Menschen. Es ist als tauchen sie ein in eine andere Wirklichkeit.
Ob Paul McCartney oder Julio Iglesias, ob KIZ oder Blumentopf, ob Ramstein oder Dorothee Oberlinger: Musik schafft eine Atmosphäre, eine Sphäre, die Menschen in Trance bringen kann, sie aus ihrem Alltag führt und sie erfasst.

Die Menschen, an die Paulus hier schreibt, sondern auch von einer andern Wirklichkeit erfasst. Eine Wirklichkeit, die alles Menschenmögliche, alle Einsicht übersteigt. Eine Wirklichkeit, in die wir von uns aus selber gar nicht eingehen können und von der uns der

Aufenthalt in Konzerten oder Trance allenfalls einen Vorgeschmack vermittelt, eine zeitlich begrenzte Möglichkeit bietet.

Der Herr ist nahe! Paulus und seine Korrespondenten leben in einer Nähe Gottes, die ihnen ermöglicht, in Freude und Dankbarkeit zu leben. Weil sie ihre wirkliche Situation – so wie sie also menschlich vor Augen den äußeren Umständen nach ist – im Lichte des kommenden Gottes sehen können.

Den äußeren Umständen nach sieht es so aus, dass Menschen die Freude eigentlich eher vergeht:

Paulus sitzt im Gefängnis. Sein Gerichtsverfahren ist offen, die Christen in Philippi sind der Verfolgung ausgesetzt.

Die wenigstens Menschen empfinden Freude und Frieden in solchen Situationen. Und es macht wohl auch ein wenig stutzig, dass Paulus im Imperativ und nicht im Indikativ spricht. Er fordert auf zur Freude und zum Gebet und wünscht den Frieden Gottes.

Kann es sein, dass er die Wirklichkeit nicht so ganz wahrnimmt, sich sozusagen rausbeamt, verdrängt, ignoriert, schönredet oder flieht?

Nein, der Grund ist ein anderer. Der Herr ist nahe! Paulus ist weit vor seinem Gefängnisaufenthalt erfasst worden von Gottes Geist Wort und hat darin einen Lebensatem gespürt.

Sein Gefängnisaufenthalt und die Leiden seiner Korrespondenten: sie rühren aus demselben Umstand her: Wes des Herz voll ist, dessen geht der Mund über.

Den Lebensatem Gottes spüren, das ging bei ihnen zusammen mit einer besonderen Ausstrahlung, mit einem Weiter erzählen. Dies konnten sie nicht für sich behalten. Und es brachte ihnen herben Widerstand bis zur Verfolgung ein. Bis in unsere Tage hinein wird Lebensatem bekämpft! Wird Lebendigkeit reguliert und zurückgewiesen.

Es geht in diesen Tagen eine Konferenz zu Ende, die dem Lebensatem Raum geben wollte. Auf der UN-Klima Konferenz in Kopenhagen wurde zäh um den Klimaschutz gerungen, lediglich ein Minimalkonsens war möglich, des Inhalts, die Erderwärmung auf weniger als 2°C im Vergleich zum vorindustriellen Niveau zu begrenzen. Doch wie dies Ziel der Reduktion der Treibhausgase erreicht werden soll, blieb ungeklärt.

Trotz ihrer Verfolgung und Bedrohung wissen Paulus und die philippinische Gemeinde: Gott ist nahe, gerade da wo die Auseinandersetzung des Lebens mit dem Tod auf Messers Schneide steht. Denn da ist Jesus da. Jesus hat sich dieser Auseinandersetzung bewusst gestellt und wich dem Kreuz nicht aus – und hat so das Leben gefunden. Ein für alle mal! Es lohnt sich, lebensverneinenden Energien bei uns selbst und in uns selbst entgegen zu treten. Und gerade da, wo die Bedrängnis am größten ist kann ein Umkehrung passieren: Von Jona, der im großen Fisch im Dunkel eines Todes war, wird berichtet, dass er anfing zu singen.

Viktor Frankl, Arzt, Psychotherapeut, Überlebender des KZ berichtet von einer jungen Frau im KZ die ihren Tod nahen fühlte. „Als ich mit ihr sprach, war sie trotzdem heiter. ‚ich bin meinem Schicksal dankbar dafür, dass es mich so hart getroffen hat', sagte sie zum wörtlich; ‚denn in meinem früheren, bürgerlichen Leben war ich zu verwöhnt und mit meinen geistigen Ambitionen war es mir wohl nicht ganz ernst.' In ihren letzten Tagen war sie ganz verinnerlicht. ‚Dieser Baum da ist der einzige Freund in meinen Einsamkeiten', meinte sie und wies durchs Fenster der Baracke. Draußen stand ein Kastanienbaum gerade in Blüte und wenn man sich zu Pritsche der Kranken herabneigte, konnte man, durch das kleine Fenster der Revierbaracke, eben noch einen gründenden Zweig mit 2 Blütenkerzen wahrnehmen. ‚Mit diesem Baum spreche ich öfters', sagte sie dann. Da werde ich stutzig und weiß nicht, wie ich ihre Worte zu deuten habe? Sollte sie delirant sein und zeitweise halluzinieren? Dann frage ich neugierig, ob der Baum auch antworte – Ja! – und was er ihr denn sage. Darauf gibt sie mir zur Antwort: ‚Er hat gesagt: Ich bin da – ich - bin – da – ich bin das Leben, das ewige Leben ...'"

Musik kann uns verzaubern, für Stunden aus unserer Situation nehmen, vergessen lassen. Gesang kann dies ebenso tun. Im gemeinsamen Gesang können Sie in eine Atmosphäre geraten die nicht nur die Singenden vereint in einen großen Klang sondern auch trägt. Sie kann uns darin ein Stück Frieden schenken und uns füllen mit der Atmosphäre des Friedens von dem Paulus schreibt, er möge unsere Herzen und Sinne bewahren.   Amen

Diese Predigt wurde am 4. Advent 2009 in der Immanuelkirche in Köln-Longerich gehalten. Für den als Singegottesdienst angekündigten Gottesdienst hatten die Gemeindeglieder die Lieder ausgesucht, seit dem ersten Advent konnten sie dafür aus einer Reihe von Liedern des Evangelischen Gesangbuches auswählen, die sechs Lieder mit den meisten Stimmen wurden im Gottesdienst dann gesungen. Die UN-Klimakonferenz fand vom 7-18.12.2009 in Kopenhagen statt. Das Gespräch zwischen Viktor Frankl und der Patientin habe ich gefunden in: Viktor Frankl, ... trotzdem Ja zum Leben sagen, Ein Psychologe erlebt das Konzentrationslager, Vorwort von Hans Weigel, München ^{27}2006, S. 113.

Aufeinander achten
Hebräerbrief 10, 23-25

Lasst uns festhalten an dem Bekenntnis der Hoffnung und nicht wanken; denn er ist treu, der sie verheißen hat; und lasst uns aufeinander Acht haben und uns anreizen zur Liebe und zu guten Werken und nicht verlassen unsre Versammlungen, wie einige zu tun pflegen, sondern einander ermahnen, und das umso mehr, als ihr seht, dass sich der Tag naht.

Weihnachten naht, seit gestern hängen die Adventskalender! Die Stadt ist geschmückt, die Weihnachtsmärkte voll. Der Tag naht! Mindestens der Einzelhandel hat sich gut gerüstet für diesen Tag, für Weihnachten. Und für die Tage davor. In der hohen Straße hängen Schilder, die auf die Ausgänge hinweisen.

Der Tag naht. Der Hebräerbrief kannte noch keine Weihnachtsmärkte und auch das Weihnachtsfest war ihm vielleicht fremd. Abgefasst wurde der Brief in den 80iger oder 90iger Jahren im 1. Jahrhundert. Weihnachten wird als Fest erst im 4. Jahrhundert gefeiert. Erst da wurde es üblich, Stationen des Christusgeschehens in jeweils eigenen Festen zu begehen.
Der nahende Tag war der Tag der Wiederkunft Jesu Christi. Naherwartung – Parusie. Wenn Jesus kommt, ist es sinnvoll, sich

vorzubereiten, bzw. dranzubleiben. Beim „Dranbleiben" fällt mir besonders das Aufeinander achten ins Auge.

Aufeinander achten hat in der christlichen Tradition einen besonderen Klang, der von Calvin herüberklingt. In Genf achteten die Christinnen und Christen sehr aufeinander mit Konsequenzen hinsichtlich der Teilnahme am Abendmahl. Dieses Aufeinander achten hatte eine gewisse Nähe zur Kontrolle. Später wurde es abgelehnt.

Das Brockenmuseum im Harz wie auch der Film: das „Leben der andern" gibt Einblicke in die Art Achtsamkeit oder besser: Kontrolle und Überwachung, die in der DDR üblich war. Ursache war Angst und auf diesem Hintergrund wurde aus Achtsamkeit spionieren.

In unserer Kultur heute kommt der Achtsamkeit eine neue Aufmerksamkeit zugute. Die Forderung nach einer neuen Achtsamkeit wird laut.

Wie kommt das? Achtsamkeit hat in Köln im letzten Monat einerseits einen Amoklauf verhindert, andererseits hat unter Umständen fehlende Aufmerksamkeit Kindern das Leben gekostet, weil sie von ihren Eltern misshandelt, vernachlässigt, schwerstverletzt oder getötet wurden. Dies ist vermutlich der Hintergrund für die Forderung der neuen Kultur der Achtsamkeit.

Das Aussetzen von Kindern war in der Welt der Griechen durchaus üblich. Solche Praxis wurde von Philosophen verteidigt. Da nämlich schrieb Platon in „Der Staat":

„Die (Kinder) der guten (Männer und Frauen) nun, denke ich, tragen sie in das Säugehaus zu den Wärterinnen, die in einem besonderen Teil der Stadt wohnen; die der schlechteren aber, und wenn eines von den anderen verstümmelt geboren ist, werden sie, wie es sich geziemt, an

einem unzugänglichen und unbekannten Ort verbergen (Staat 460C)". Neun von zehn Downsyndromkindern werden bei uns übrigens abgetrieben.
Dagegen sah das Judentum sie als Gabe Gottes, so auch das Christentum.

Warum sollen solch negativ besetzte Worte für Christinnen und Christen jetzt positiv sein? Neben der negativen Bedeutung gibt es auch die eher positive, die ihren Grund hat in der Art und Weise, wie Jesus aufmerkte und handelte. Und er kommt wieder! Seine Art, Menschen zu begegnen, ist nicht mit ihm gestorben. Wenngleich wir diese Art nicht leiblich erleben können, so doch geistlich. In den Exerzitien erleben Menschen, dass Jesus ihnen begegnet, Der Schuster Martin in der Legende zeigt, wie diese Begegnung ablaufen kann, und wie er sich auf eine mögliche Begegnung einstellt. Diese Haltung lenkt den Blick auf den Nächsten. Christinne und Christen sind frei durch Christus.
Jesus kommt in unser Leben. Erwartet wurde eine neue Welt, eine physisch erneuerte Welt, die mit Jesus kommen sollte. Doch sie blieb aus, und so wird jetzt Jesu Kommen als ein Kommen in die alte Welt verstanden. Jesus kommt zur Welt und macht sie dadurch für die Menschen neu. So vergeht diese Welt, eine neue kommt, obwohl die alte vergehend noch steht. Und wenn in dieser alten Welt die neue schon anbricht, dann empfiehlt sich der Weg der Achtsamkeit, der auch unsere Mitmenschen in einen liebevoll aufmerksamen Blick nimmt.
Wie machen wir das bei Jugendlichen? Sie loslassen und gleichzeitig nicht aus den Augen lassen. Sagte einmal ein Sohn zu seinen Eltern: Arbeitet ruhig viel, dann könnt ihr nicht so viel auf mich aufpassen. Weniger mag manchmal mehr sein. Wie wird es möglich,

Kinder eigene Erfahrungsräume finden zu lassen und ihnen doch soviel Aufmerksamkeit zuteil werden lassen um sie vor Gefahren behüten? Wie können Eltern begleiten, unterstützen und doch nicht bevormunden? Es gibt ein Achthaben aus Liebe und Respekt. Achtsamkeit hat Anschläge verhindert, hat verhindert, dass ein Kind in Duisburg verhungerte.

In dieser respektvollen Weise lasst uns also achtsam leben und Achthaben aufeinander! Jesus kommt als Kind setzt sich dieser Welt aus, macht sich verletzlich. Darauf warten wir an Weihnachten. Und wenn die Deko wieder weggeräumt ist nach Weihnachten dann lasst uns diese Achtsamkeit die Jesus in die Welt brachte, bewahren.   Amen

Diese Predigt wurde am 1. Advent 2007 in der Immanuelkirche Köln-Longerich gehalten. In der Hohen Straße in Köln, einer Fußgängerzone und Haupteinkaufsstraße ist in der Adventszeit zuweilen der Andrang so hoch, dass die Straße zeitweise für Neuankömmlinge gesperrt werden muss. Zur Sicherung des Abflusses der Besucherströme wurden entsprechende Schilder angebracht. Den Hinweis auf Platon verdanke ich: Hans-Ruedi Weber, Jesus und die Kinder, aus dem Englischen von Helga und Geiko Müller-Fahrenholz, Hamburg 1980, S. 108.
Im Jahr 2007 gingen mehrere Meldungen durch die Zeitungen, wonach Kinder von ihren Eltern misshandelt, vernachlässigt und auf andere Weise umgebracht worden waren. Die Frage in diesem Zusammenhang lautete, ob mehr Aufmerksamkeit seitens Nachbarschaft oder Jugendamt und Familienhilfe den Kindern das Leben hätte retten können.
Im November 2007 verhinderte die Polizei einen Amoklauf am Georg-Büchner-Gymnasium in Köln-Weiden. Entdeckt wurde dieser geplante Amoklauf durch die Aufmerksamkeit von Schülern, die auf der Internetseite eines Mitschülers Fotos vom Amoklauf an der Colombine High School 1999 in den USA entdeckten. Daraufhin kam es zu einem Gespräch zwischen Schulleitung, Polizei und dem betreffenden Schüler. Für die Zahl der Abtreibungen beim Down-Syndrom ist mir meine Quelle nicht mehr zugänglich, der Stern vom 8. Juni 2005 bezieht sich auch auf diese Zahl: www.stern.de/wissen/mensch/down-syndrom-mehr-gelassenheit-bitte-541491.html, letzter Aufruf am 19.08.14. Der Film „Das Leben der andern" unter der Regie von Florian Henckel von Donnersmarck erschien 2006. Sowohl die großen Exerzitien als auch die „Exerzitien im Alltag", die in der Gemeinde mehrmals in ökumenischer Zusammenarbeit durchgeführt wurden, gehen zurück auf Ignatius von Loyola. Die Legende von Martin dem Schuster geht auf Leo Tolstoi zurück, Ich habe sie entnommen aus: Vorlesebuch Religion, Band 1, herausgegeben von Dietrich Steinwede und Sabine Ruprecht, Lahr 1983, S. 314 – 321.

Vorbereitet sein
Hebräerbrief 10, 19-25

So haben wir nun, liebe Brüder [und Schwestern], durch das Blut Jesu die Freiheit zum Eintritt in das Heiligtum.
Er hat uns einen neuen und lebendigen Weg durch den Vorhang geöffnet, das heißt durch seinen Leib.
Haben wir nun einen Hohenpriester über das Haus Gottes, dann lasst uns eintreten mit wahrhaftigem Herzen und in der Gewissheit des Glaubens, besprengt in unseren Herzen und damit befreit von dem bösen Gewissen und den Leib gewaschen mit reinem Wasser.
Lasst uns festhalten am Bekenntnis der Hoffnung und nicht wanken; denn treu ist der, der die Verheißung gegeben hat; und lasst uns aufeinander Acht haben und uns anreizen zur Liebe und zu guten Werken und nicht verlassen unsere Versammlungen, wie einige zu tun pflegen, sondern einander ermahnen und das um so mehr, als ihr seht, dass sich der Tag naht.

Etliche also scheinen der Gemeinde fern zu bleiben.
Das klingt nach Ermüdungserscheinungen.
Lohnt es sich überhaupt noch, zusammen zu kommen?
Lohnt sich ein Bekenntnis zu diesem Gott?
Ob er tatsächlich noch kommt?

Sie hofften: Christus möge bald kommen und ein Reich des Friedens aufrichten.

Doch nun wartet schon die dritte Generation und der erste Überschwang ist verrauscht.

Die junge Christenheit erfährt: Nicht alle halten durch und besuchen die Versammlungen, nicht alle halten fest am Bekenntnis und nicht alle treten hinzu in das Haus Gottes.

Schrumpfende Zahlen gab es also schon im 1. Jahrhundert nach Christi Geburt.

Wir werden weniger, sprach der Finanzkirchmeister auf der Verbandsvertretung. Für uns hat das den Effekt, weniger Geld zur Finanzierung unserer Arbeit zur Verfügung zu haben. Weniger Geld auch für die Gemeinden und ihre Haushalte. Auch sie müssen haushalten und mit weniger auskommen.

Wir werden weniger, d. h. wir können die Arbeit im bisherigen Umfang nicht mehr finanzieren.

Wir werden weniger, einige bleiben fern. Dies beobachtet auch der Verfasser des Hebräerbriefes. Doch ist es nicht die Sorge um die Finanzen, die ihn umtreibt. Menschen verlassen den Weg zum Leben, wenn sie der Gemeinde, dem Bekenntnis und den Versammlungen fern bleiben.

Was setzt der Verfasser des Hebräerbriefes dem Schwund entgegen? Er argumentiert sehr gründlich:

Erstens blickt er in die Vergangenheit, dann hat er drei Ermahnungen für die Gegenwart und schließlich blickt er in die Zukunft.

Zunächst also der Blick in die Vergangenheit:

Jesus hat den Weg zu Gott freigemacht. Der Eintritt in das Heiligtum ist frei. Dies mag für uns eher fremd erscheinen, der Verfasser kannte jedoch noch andere Denkmuster: dass nämlich das Heiligtum als zentraler Ort der Begegnung mit Gott nicht allen Gläubigen zugänglich war und der Kontakt mithilfe eines Priesters vermittelt werden musste.

Doch jetzt ist eine Priesterkaste nicht mehr notwendig, kein Vorhang verbirgt den Altar vor den Blicken der Gläubigen, der Altar unverhüllt und die Bibel ein offenes Buch, für alle lesbar. Und unter der Woche sind bei uns sogar die Kirchen offen.

Jesus hat den Weg freigemacht, es braucht keinen Vermittler mehr zwischen Mensch und Gott und genau in diese Richtung zielte Martin Luther, wenn er vom Priestertum aller Gläubigen sprach. Jede Frau, jeder Mann ist in der Lage, die Bibel zu lesen und zu Gott zu beten, auch zu hören, was Gott will. Gottesdienst und Predigt befördern dies.

Was passiert in einem Gotteshaus? Wohin geraten wir, wenn wir dahin kommen? Was widerfährt uns? Vom Kreuz her stellt sich die Machtfrage: Auf welchem Altar gibst Du Dein Leben hin? Vor wem hast Du Angst? Von wem lässt Du dich kaufen? Wem soll dein Arbeiten und Handeln, dein Erziehen und dein Leben nutzen? Wem willst Du dienen?

Je nach dem, wie die Antworten ausfallen, ergeben sich im 2. Teil logische Konsequenzen.

Wenn Dein Arbeiten und Handeln Gott nützen soll, wenn Du Gott dienen willst, dann tritt herzu freimütig und ohne Angst. Gotteserfahrungen werden hart sein, doch du kannst sie überleben. Du kannst Festhalten am Bekenntnis der Hoffnung und dabei bleiben im Aufeinander Achten.

Halten wir fest: das Kreuz stellt die Prioritätenfrage in meinem Leben.

„Alles im Leben kann warten – bis auf die Suche nach Gott und die Liebe zu den Mitmenschen". Den Angehörigen von George Harrison war dies seine letzte Botschaft an die Welt. Vergangene Woche ist er verstorben. Und er hat gesucht. Für ihn war diese Suche verbunden mit der Frage nach dem Woher und Wohin des Menschen.

Rudolf Bohren hat in einer Predigt zu diesem Text gesagt: „Deshalb ... sitzen [wir] hier..., damit wir ein Bewusstsein bekommen fürs Göttliche und nicht länger bewusstlos in der Weltgeschichte herumtorkeln". Was ist wichtig, so wichtig, dass es nicht warten kann, entschieden nicht warten kann?

Rudolf Bohren empfiehlt drei Schritte, um aus Bewusstlosigkeit oder auch aus Furcht heraus zu kommen, oder auch um Gott zu finden. So wie auch der Verfasser des Hebräerbriefes drei Schritte kennt.

Der erste Schritt ist der Eintritt in Gottes Gegenwart, das Wagnis der Kontaktaufnahme, im Dasein und im Beten. In Beziehung treten zur Lebensmacht und sich ihr ausliefern. Ganz und gar. Vor Gott treten mit dem Bekenntnis des von Gott getrennt seins.

Der nächste Schritt besteht darin, sich an das Bekenntnis zu erinnern und an ihm fest zuhalten, nicht zurückfallen in eine Vergangenheit ohne Gott, ohne Jesus, sich nicht anderen Kulten, anderen Heilsbewegungen anschließen.

Am Bekenntnis fest zu halten dass geschieht dadurch dass ich es mir selber immer wieder vorsage oder es mitspreche, beispielsweise beim Glaubensbekenntnis. Aber auch in dieser Kurzform ist es möglich: Jesus Christus, Sohn Gottes erbarme Dich meiner.

Hierher gehört auch das Hören auf die Bibel, die Worte meditieren, wenn möglich auswendig lernen als learning bei Heart. Auch das gehört zum Erinnern an das Bekenntnis. Bohren nennt dies: das Bekenntnis sich selber predigen.

Bekennen, dass Jesus mich losspricht von Sünden und Trennung überwindet.

Bekennen, dass ich zu Gott gehören und zu ihm kommen darf, weil ich getauft und zum Abendmahl eingeladen bin.

Das sind Worte, die jeden Weltuntergang überstehen, auch jeden persönlichen Weltuntergang.

Im Bekenntnis der Hoffnung hoffe ich auf Gottes Ansprechbarkeit in meinem Leben denn ich bin zugelassen bei Gott.

Der dritte Schritt: Anspornen, auf einander achten, gute Werke, Tränen trocknen, Spenden, stiften, sponsern sich gegenseitig zu guten Werken anstiften, d. h. sich gegenseitig in die Lage versetzen, nicht fordern, aber ermutigen, Wege suchen, wo Werke getan werden können, Begabungen ausgraben. Hier bin ich bezogen und in Beziehung zu meinen Geschwistern. Zum Aufeinander achten gehört auch, darauf zu schauen, dass die gottesdienstlichen Versammlungen in ausreichendem Maße besucht werden. Hier ist die Möglichkeit zur Stärkung und Reinigung, zur inneren Klärung. Hier ist der Raum, wo wir in Freimut hinzutreten können und die Möglichkeit des Bekenntnisses haben.

Adventszeit ist Vorbereitungszeit. Vorbereitung auf eine Zukunft. Der uns freien Zutritt verschafft hat, der wird kommen, so der Hebräerbrief. Die Tür zum Allerheiligsten ist offen. Unsere Ängste kommen in das Licht. Sie können hier zur Ruhe kommen.

Auch die Angst vor sinkenden Finanzen wird von diesem Licht erhellt. Wir werden immer weniger, das mag eine Zukunftsprognose der Soziologie für die Situation in Deutschland sein. Dennoch gilt auch für diese Zukunft: Ob die Christenheit aus vielen oder wenigen besteht, der Tag naht, an dem Jesus kommt und die Wahrheit wird sich zeigen. Darum lasst uns Festhalten am Bekenntnis, hin zu treten zum Heiligtum und aufeinander achthaben.

Etliche fallen ab. Das darf nicht geschehen um ihres Lebens willen. Bei uns sind wir lediglich um der Finanzen wegen beunruhigt. Haben wir den Ernst der Lage wirklich begriffen? Nicht, das immer weniger Geld reinkommt, ist das Problem, sondern dass wir festhalten und dranbleiben an Gottes Macht und uns gescheit vorbereiten auf den Advent. Das Geld wird kommen, vielleicht sogar von selbst, als Dank dafür, dass Menschen hier etwas von der lebendigen Lebensmacht erleben können und in Kontakt treten können mit ihr und die Erfahrung machen können, das Worte der Bibel und Jesu Worte zu ihnen sprechen. Amen

Diese Predigt wurde am 1. Advent 2001 in Immanuelkirche in Köln-Longerich gehalten. Die Frauenhilfe gestaltete diesen Gottesdienst mit. Daher erschien es mir sinnvoll, im Predigttext in der Anrede die Schwestern einzufügen. Das Zitat von George Harrison habe ich gefunden auf der Seite: www.laut.de/George-Harrison, letzter Aufruf 08.08.14. Das Zitat von Rudolf Bohren stammt aus: Rudolf Bohren, Trost, Predigten, Neukirchen-Vluyn, 1983, S. 95, der Gedanke des „sich selber [das Evangelium] predigen" steht a. a O., S. 96

Der etwas andere Schutzengel
Offenbarung des Johannes 3,1-6

Und dem Engel der Gemeinde in Sardes schreibe: Das sagt, der die sieben Geister Gottes hat und die sieben Sterne: Ich kenne deine Werke: Du hast den Namen, dass du lebst, und bist tot. Werde wach und stärke das andre, das sterben will, denn ich habe deine Werke nicht als vollkommen befunden vor meinem Gott. So denke nun daran, wie du empfangen und gehört hast, und halte es fest und tue Buße! Wenn du aber nicht wachen wirst, werde ich kommen wie ein Dieb, und du wirst nicht wissen, zu welcher Stunde ich über dich kommen werde. Aber du hast einige in Sardes, die ihre Kleider nicht besudelt haben; die werden mit mir einhergehen in weißen Kleidern, denn sie sind's wert. Wer überwindet, der soll mit weißen Kleidern angetan werden, und ich werde seinen Namen nicht austilgen aus dem Buch des Lebens, und will seinen Namen bekennen vor meinem Vater und vor seinen Engeln. Wer Ohren hat, der höre, was der Geist den Gemeinden sagt!

Diese Verse klingen beim ersten Hören so unadventlich. Wir befinden uns in der Vorbereitung eines Festes, hier geht es um Leben und Tod. Um Entscheidungen, um Wachsamkeit, um Schutz vor Diebstahl. Apokalypsen – und dieser Text gehört ja in diese Gattung - haben etwas Erschreckendes an sich, etwas, was verunsichert und Angst auslöst. In apokalyptischen Bildern zeigen sich Endereignisse in Form von Katastrophen. Aber da ist noch etwas mehr. Die Apokalypse des

Johannes zeigt nicht nur, dass es im Leben Katastrophen geben kann sondern auch, dass es ein gutes Ende gibt:
„Wer überwindet, der soll mit weißen Kleidern angetan werden, und ich werde seinen Namen nicht austilgen aus dem Buch des Lebens, und will seinen Namen bekennen vor meinem Vater und vor seinen Engeln."
Weiße Kleider sind in der Regel Festtagskleider. Im Buch des Lebens zu stehen bedeutet einen ewigen Namen zu haben selbst dann noch wenn ich gestorben bin und mein Grab nach Ablauf der Ruhezeit unkenntlich gemacht wurde.
Gefahren und Katastrophen jedoch wird es auf dem Lebensweg geben. Da beschönigt die Offenbarung des Johannes nichts. Doch sie macht auch offenbar, wie wir mit Gefahren und Katastrophen umgehen können. Sie sagt uns: unser Leben ist zerbrechlich! Es kann leicht sein, dass wir lebendig schon tot sind. Dann leben wir im Bann der Angst. Wir fühlen uns abgeschnitten vom Leben.
Vielleicht kennen Sie das Gefühl auch bei sich selber: als habe ich den Kontakt zu mir selbst verloren.
Verbitterung geht häufig damit einher, Isolation (Wer versteht mich noch?), übergroßes Misstrauen (niemanden kann ich trauen!), meine Zukunft ist nur düster.
In solch einer Situation sind Zugänge zum Leben oftmals verschüttet.
Manchmal sagen Menschen auch: Ich werde gelebt, ich bin das quasi gar nicht mehr selber, die da entscheidet, wie ich lebe. Ich werde fremdbestimmt von den Strukturen am Arbeitsplatz und in der Schule oder von anderen Umständen (Krankheit, Witwenschaft, Ausbildungsstrukturen).
Ich kann nichts mehr wirklich steuern!

Und dann fragen Menschen: Meint das Leben, meint Gott es eigentlich gut mit mir? Ich fürchte, das tut es nicht! Denn sonst wäre ich doch wohl nicht so sehr krank!

Was wäre aber, wenn ich trotz meines unsäglichen Schicksals glauben könnte, dass „das Leben selbst" es gut mit mir meint?

Eine an Krebs erkrankte Frau sagte darauf einmal: „Dann wäre alles anders. Dann wäre ich schon fast wieder gesund, auch wenn ich noch krank wäre."

Und ihrer Gesprächspartnerin Ingrid Riedel fällt auf, dass sie plötzlich ganz lebendig wird. „Allein die Vorstellung, das Leben könne es womöglich doch gut mit ihr meinen, sogar trotz und wegen ihrer Krankheit, weckt ihre Lebensgeister auf. Sie gewinnt wieder Anschluss an das Leben selbst und ist – für den Moment – von ihrer lähmenden Angst und ihrer Resignation wie erlöst."

Um Leben und Tod geht es bei dieser Frau. Sie wird vielleicht sterben müssen aufgrund ihrer Erkrankung. Aber bis dahin lebt sie und in dieser Zeit vor dem Sterben stellt sich die Frage nach Leben und Tod. „Werde wach und stärke das andere, das sterben will", sagt der Engel der Gemeinde von Sardes. Stärke das, was in den Bann der Angst und Resignation fiel.

Dazu braucht es häufig einen Anstoß von außen. Einen Schutzengel. Hier wird ein Engel beauftragt, mit einer besonderen Form von Schutz. Er wendet nicht äußeres Unheil ab, sondern inneres Unheil. Er lässt uns auch nicht zurückfinden in frühkindliche Geborgenheit, nach der wir uns mitunter sehnen können. Nein, er stellt auf die Füße, treibt sogar zur Wachsamkeit an. Er weckt auf! Er gibt den Menschen, zu denen er gesandt ist, die Botschaft weiter, die Leben ermöglicht. Mitten in Gefährdungen, Katastrophen, in Ängsten und Resignationen. Seine

Botschaft: Höre auf das, was das Leben selbst Dir erzählt, was Gott Dir vom Leben erzählt. Gefahren und Katastrophen wird es auf unserem Lebensweg geben. Unser Leben ist zerbrechlich. Unsere leibliche Konstitution ist nicht für die Ewigkeit bestimmt. Wir sind „zum Umfallen geboren" und jede Wiederaufrichtung und Heilung ist ein kleines Wunder. Amen

Diese Predigt wurde am 20. Dezember 2007 im Heilig Geist-Krankenhaus in Köln-Longerich gehalten. „Das Leben selbst" als Ausdruck für Gott habe ich hier von Ingrid Riedel übernommen: Ingrid Riedel, Die Welt von innen sehen, Stuttgart 2007, S. 216, ebenso das Zitat der an Krebs erkrankten Frau, a.a.O., S. 220 ‚zum Umfallen geboren' ist ein Zitat von Paracelsus, ich habe es ebenfalls bei Ingrid Riedel, a.a.O.,S. 219 gefunden.

Das Buch und das Lamm
Offenbarung des Johannes 5, 1-14

Ich sah in der rechten Hand dessen, der auf dem Thron saß, ein Buch beschrieben innen und außen, versiegelt mit sieben Siegeln. Und ich sah einen starken Engel, der rief mit großer Stimme: Wer ist würdig, das Buch aufzutun und seine Siegel zu brechen? Und niemand, weder im Himmel noch auf Erden noch unter der Erde, konnte das Buch auftun und hineinsehen. Und ich weinte sehr, weil niemand für würdig befunden wurde, das Buch aufzutun und hineinzusehen. Und einer von den Ältesten spricht zu mir: Weine nicht! Siehe, es hat überwunden der Löwe aus dem Stamm Juda, die Wurzel Davids, aufzutun das Buch und seine sieben Siegel. Und ich sah mitten zwischen dem Thron und den vier Gestalten und mitten unter den Ältesten ein Lamm stehen, wie geschlachtet; es hatte sieben Hörner und sieben Augen, das sind die sieben Geister Gottes, gesandt in alle Lande. Und es kam und nahm das Buch aus der rechten Hand dessen, der auf dem Thron saß. Und als es das Buch nahm, da fielen die vier Gestalten und die vierundzwanzig Ältesten nieder vor dem Lamm, und ein jeder hatte eine Harfe und goldene Schalen voll Räucherwerk, das sind Gebete der Heiligen, und sie sangen ein neues Lied: Du bist würdig, zu nehmen das Buch und aufzutun seine Siegel; denn du bist geschlachtet und hast mit deinem Blut Menschen für Gott erkauft aus allen Stämmen und Sprachen und Völkern und Nationen und hast sie unserem Gott zu Königen und Priestern gemacht, und sie werden herrschen auf Erden. Und ich sah, und ich hörte eine Stimme vieler Engel um den Thron und um die Gestalten und um die Ältesten her, und ihre Zahl war vieltausendmal tausend; die sprachen mit großer Stimme: Das Lamm, das geschlachtet ist, ist würdig, zu nehmen Kraft und Reichtum und Weisheit und Stärke und Ehre uns Preis und Lob. Und jedes Geschöpf, das im Himmel ist und auf Erden und unter der Erde und auf dem Meer und alles was darin ist, hörte ich sagen: Dem, der auf dem Thron sitzt, und dem Lamm sei Lob und Ehre und Preis und Gewalt von Ewigkeit zu Ewigkeit! Und die vier Gestalten sprachen: Amen! Und die Ältesten fielen nieder und beteten an.

Ein Buch steht im Mittelpunkt. Bücher gibt es ja viele. Bücher sind sozusagen Wissenstresore: sie enthalten Wissen, Geheimnisse, spannende Unterhaltung, entlüftete Geheimnisse. Sie geben Zugang zur Bildung für alle Menschen, die lesen können.

Hier heißt es von einem Buch, dass es versiegelt sei. Da kann ich mir eher nicht vorstellen, dass es der Bildung dient. Es darf seinen Inhalt ja nicht jedermann kundtun.
Obwohl: verbotene Bücher existieren im Vatikan. Bücher also nicht zu verbreiten, kann scheinbar auch Gründe für sich haben.
Verbannte Bücher – Ja! Bücher, die sich nicht von allen Menschen lesen lassen, existieren in der Literatur, bei Umberto Eco in seinem Roman „Der Name der Rose" gibt es vergiftete Blätter und Joanne K. Rowling stellt in dem dritten Band der Harry Potter-Romane ein Monsterbuch vor. Wer sich diese Blätter oder Bücher vornimmt, wird vergiftet oder gebissen. Hier ist ein Buch, das niemand öffnen kann.
„Und niemand, weder im Himmel noch auf Erden noch unter der Erde, konnte das Buch auftun und hineinsehen. Und ich weinte sehr, weil

niemand für würdig befunden wurde, das Buch aufzutun und hineinzusehen."

Worüber weint der Seher? Warum bricht er in Tränen aus? Unerfüllte Neugier? Unerfüllter Wissensdurst?

Der Schreiber ist an einem besonderen Ort, in einem kleinen Thronsaal, Gesetzesbücher stehen für Gerechtigkeit. Es ist ein Herrscherprivileg, sie zu nehmen und zu öffnen.

Niemand da, der Gerechtigkeit bringen kann.

Daher die Tränen: es sind Tränen über Unschuldig Leidende und über unendliches Leid, das wir, einzeln oder gesellschaftlich immer wieder erleben: lebenszerstörende Krankheiten, vergiftete Bücher, vergiftete Beziehungsgrausamkeit.

Der Seher weint, und während er weint, klingt der unendliche Lobpreis weiter:

„Dem, der auf dem Thron sitzt, und dem Lamm sei Lob und Ehre und Preis und Gewalt von Ewigkeit zu Ewigkeit!"

Die Tränen und das Lob, sie gehören zusammen gleichzeitig zur Wirklichkeit.

Auf der Erde das Leid, dort oben, aber auch verborgen in unserer Mitte: die ungerührte Anbetung. Der Seher wird getröstet: „Weine nicht! Siehe, es hat überwunden der Löwe aus dem Stamm Juda, die Wurzel Davids, aufzutun das Buch und seine sieben Siegel."

Ein verborgenes Wissen wird ihm offenbar.

Er erfährt die Ausrufung dessen, der berechtigterweise dass Buch öffnen darf, Gerechtigkeit sprechen darf, richten darf.

Wer darf über das Leid in dieser Welt richten?
Vor wen können unsere Klagen sinnvollerweise gebracht werden?
Das Lamm! so heißt es hier.
Das Buch wird aufgetan.
Ein Blick in die Zukunft wird sichtbar. Die Geschichte, von Menschen geschrieben, wird ein Ende haben in eine neue Zukunft hinein. In dieser Zukunft wird die Geschichte vom Lamm also von Jesus Christus bestimmt. Von dem, der die von Menschen geschriebene Geschichte auf sich genommen hat.

Nur das Lamm weiß, was geschah, warum es geschah und was geschehen wird.
Nur die Opfer können diese Wirklichkeit des Lebens verstehen, die in dem neuen Lied beschrieben ist:"... und sie sangen ein neues Lied: Du bist würdig, zu nehmen das Buch und aufzutun seine Siegel; denn du bist geschlachtet und hast mit deinem Blut Menschen für Gott erkauft aus allen Stämmen und Sprachen und Völkern und Nationen und hast sie unserem Gott zu Königen und Priestern gemacht, und sie werden herrschen auf Erden." Nur die Opfer wissen, wer wirklich herrscht.
Dieses Verstehen ist nicht kognitiv, es hat zu tun mit Erschauern und Zittern, mit Ehrfurcht und Respekt, ein Wissen auf einer anderen Erfahrungsebene.

Die Wirklichkeit ist mehr als wir sehen, Leid und Lobpreis gehören zusammen und aus der Schreckensgeschichte, die Menschen gestalten wird eine Heilsgeschichte. Unsere Gebete werden gehört, sie kommen vor den Thron Gottes. Das Buch ist geöffnet, sein Inhalt ist lesbar. Das verborgene Wissen ist offenbar. Amen

Diese Predigt wurde am 1. Dezember 2005 im Heilig Geist-Krankenhaus in Köln-Longerich gehalten. Roman von Umberto Eco, Der Name der Rose, München 1982. Joanne K. Rowling, Harry Potter und der Gefangene von Askaban, 1999.

Nikolaus – damals und heute

Das ist ja ein merkwürdiger Nikolaus!
Denn kennen wir doch ganz anders! Ist euch an dem was aufgefallen? Der hat gar keinen Sack, der Mantel ist nicht rot, einen Bart hat er auch nicht, aber da ist ein Schiff und Seeleute sind auch da.
Den Nikolaus, den ihr gut kennt, könnt ihr mir den beschreiben?

Passen die beiden Nikoläuse zusammen? Erzähle und begründe?

Die „kleinen Strolche" haben in den Geschichten um den Nikolaus gekramt. Das habe ich ihnen nachgemacht und dabei entdeckt: Der Nikolaus, der Geschenke bringt, der hat durchaus was zu tun mit dem Nikolaus, der die Seeleute gerettet hat. Aber was könnte das sein? Habt ihr Ideen?

Da war mal ein Bischof. Das ist so eine Art Leiter oder Führer, Anführer in einer Gemeinde. Ihr nennt das vielleicht Bestimmer. Dieser Bischof lebte im 4. Jahrhundert. Das ist also schon mehr als tausend Jahre her. Und von dem wird ganz viel erzählt. Er hat Menschen geholfen, wenn sie in Not waren – so wie den Seeleuten vorhin. Er hat mit Menschen sein Vermögen geteilt und sein Essen. Und er hat besonders auf Kinder geachtet und Kinder besonders wertgeschätzt.

Da war zum Beispiel beim Nachbarn die Not sehr groß. Die Töchter konnte er nicht verheiraten, dazu fehlte das Geld. Also wollte er sie zu fremden Menschen in die Häuser schicken, als Dienstmägde. Von Nikolaus wird nun erzählt, dass er dreimal nachts heimlich kleine, mit

Goldstücken gefüllte Säcke in das Nachbarhaus warf, so dass jede Tochter ein Sack Goldstücke als Heiratsgeld (Mitgift, Aussteuer) bekommen konnte. Zu der Zeit war er übrigens noch nicht Bischof. Weil Nikolaus nachts kam, kommt unser Nikolaus ebenfalls nachts und unerkannt.

Eine andere Geschichte erzählt, dass da eine große Hungersnot war in Myra, in der Stadt, in der er Bischof war. Da lagen Schiffe mit Getreide vor dem Hafen, draußen im offenen Meer – und alle Menschen warteten sehnlichst auf diese Schiffe. Doch Piraten waren auch da und die bedrohten die Bewohner und erpressten Gold. Wenn sie es nicht bekämen, würden sie die Schiffe versenken. Gold war nicht mehr da. Was also tun? Sie würden alle vor Hunger sterben müssen. Da kam Bischof Nikolaus aus der Kirche und brachte alles mit, was er an wertvollen Sachen gefunden hatte und tragen konnte. Damit waren die Piraten zufrieden, zogen ab und die Getreideschiffe konnten anlegen.

So oder so ähnlich wird vom Bischof Nikolaus erzählt. Weil er den Seeleuten geholfen haben soll, ist er zum Heiligen für sie erklärt worden und viele Kirchen besonders Seefahrerkirchen tragen seinen Namen.

Doch für Kinder wurde er auch sehr wichtig. Bei Schulfesten wurde ein Kinderbischof bzw. Kinderabt gewählt und als Bischof eingekleidet. Das Kind sah dann so aus wie unser Nikolaus im Anspiel vorhin.

Und für einen Tag durften die Kinderbischöfe bestimmen. In einem Buch habe ich sogar gefunden, dass die Kindernikoläuse über Erwachsene Gericht halten durften und sie durch einen „Knecht" betrafen ließ.

Und dann wandelt sich das Bild. Der Nikolaus, der Freund der Kinder, der wurde zum Erziehungshelfer der Erwachsenen. Manche von Ihnen können sich vielleicht noch gut dran erinnern: „Wenn du nicht artig bist, dann bringt dir der Nikolaus nichts, oder nur Briketts, oder nur eine Rute." Oder er steckt dich in den Sack.

Und darum kennen wir wohl heute zwei verschiedene Nikoläuse.

Den Bischof Nikolaus und den andern im roten Mantel, den Weihnachtsmann oder Knecht Rupprecht, der auch Geschenke bringt, aber unter Umständen eine Rute dabei hat. Der schenkende Nikolaus hat durchaus noch was zu tun mit dem Nikolaus von damals:

Der 6. Dezember ist der Todestag von Bischof Nikolaus, deshalb ist der 6. Dezember sein Gedenktag.

Er hat Kinder beschenkt: Nachbarstöchter, Hungernde in Myra und in weiteren Legenden hat er für Kinder gesorgt.

Und er hat es heimlich gemacht. Daran knüpfen manche Bräuche an.

„Gott oben, den sollt ihr loben", hat vorhin Nikolaus im Anspiel gesagt. Dieser Nikolaus, dieser Kirchenmensch wollte gerne wie Jesus werden, den Armen und Ängstlichen helfen. Wenn wir uns an ihn erinnern, bedeutet das nicht mur zurück gucken auf Nikolaus, sondern auch sich an Jesus erinnern, an das, was er tat und zu fragen: Wo haben Kinder Hilfe, Unterstützung, Zuwendung und Lobby nötig?

Ich denke an Kinder, die aufgrund der häuslichen Situation von Sozialhilfe leben.

Ich denke an Kinder, die, obwohl noch in der Grundschule, sich darum sorgen, ob sie als Erwachsene auch einen Beruf haben werden, von dem sie leben können. Ich denke an geplante Einsparungen im Bereich Kindertagesstätten und Schulen und frage: wird das, was wir, was unsere Gesellschaft für Kinder bereitstellt und Kindern gewähren möchte, dem gerecht, was Kinder brauchen?

Bischof Nikolaus und sein Gedenktag wendet unsern Blick zu den Kindern. Wie können wir sie beschenken?

Indem wir ihnen nicht nur die Teller und Stiefel füllen, sondern auch das geben, was sie zum Leben brauchen. Amen

Diese Predigt wurde in einem Gottesdienst für „kleine Leute – große Leute" am 2. Advent 1997 in der Immanuelkirche in Köln-Longerich. Die Bezeichnung Gottesdienst für „kleine Leute – große Leute" geht zurück auf die Reihe: Kleine Leute – große Leute, Glauben gemeinsam erleben, Agentur des Rauhen Hauses 1988ff. Der Gottesdienst wurde gemeinsam mit den Mitarbeiterinnen und den Kindern der Kindertagesstätte „Die kleinen Strolche" vorbereitet. Das in der Predigt angesprochene Anspiel bezog sich auf Bischof Nikolaus und wurde von den Kindern gestaltet. In den Wochen zuvor gab es einen Elternabend zum Thema Nikolaus.

Printed by Books on Demand GmbH, Norderstedt / Germany